JN145055

ほんとうに使いやすい茶室をつくる

戸建・ビル・新改築、タイプ別プラン13件

監修　淡交社建築部

目次

本当に使いやすい茶室をつくるために整理しておきたいいくつかのこと

竹中 勤（淡交社建築部部長）

茶室にはさまざまな約束ごとや決まりごとがあります。ただ、その茶室を建てる施主はその空間に訪れる方々をおもてなしする亭主でもあるわけですから、それらに縛られすぎることなく、亭主の好まれる茶の湯空間づくりをすることが大切です。そのため、私たちは建物全体の用途と間取りを施主からお聞きし、その中で茶室の使用目的に合った使用勝手を考えながら、ほかの空間と融け合うよう雰囲気づくりを検討し、話し合いを繰り返します。そうして亭主好みに近づけることで、末永くその茶室が受け継がれ、自然と人、人と人とが茶の湯で結ばれる場になるよう、心豊かになる茶の湯空間づくりを常に心がけています。

実は、施主は設計者であり、施工者でもあるのです。施主の意を汲み、その茶の湯空間づくりのお手伝いをすることが、私たちの仕事です。

茶室を多く手がけて四〇余年、その経験を生かしながら、施主と一緒に茶室の材料を選び、茶室の職方の技能・作業工程（大工、左官、建具、表具など）を見て頂き、話し合って、茶の湯空間づくりに積極的に参加して頂けるよう働きかけています。

あなたが思う「茶室」の概念を整理しましょう

ただ、いざ建築をとなった際、「茶室」という言葉の固定観念に囚われ、それに見合った相応しいものを、と意気込むあまり、色々なことが頭をよぎり、どうしようかとあれこれ考え、プランに迷いが生じているケースも多々見受けられます。近頃は茶室建築、美術工芸などの情報も一昔前とちがって簡単に手には入りますが、なかなか施主が自分自身で納得する解答を見つけ出すことができないことも多いようです。

そんな凝り固まった迷いをほどく手助けのために、まずは、茶室の成立の歴史について、少しおさらいしてみましょう。

◆

室町時代、茶の湯文化が盛んになるにつれ、茶の湯専用の座敷が生まれ、当時は数寄座敷、茶の湯座敷などと呼ばれていました。はじめは壮大な書院造の会所（接客の間）だったのが、やがて茶の湯空間として次第に縮小され、主客同座の間となっていきました。

桃山時代になると、千利休（一五二二～九一）が「侘び」の精神を尊び、柱に杉丸太を用いるなど、山中の庵《いおり》を感じさせる素朴な意匠を取り入れた茶の湯独特の建築様式、「草庵《そうあん》風茶室」が大成されました。それが、今日多くの皆様方が思っておられる、いわゆる「茶室」の代表的な姿（写真左）としてイメージされ、それが連綿と受け継がれているわけです。

今の生活空間には、どんな茶室が合うか考えましょう

草庵風茶室の様式は、時を経た現代にも、茶室の基本様式として

受け継がれています。ただし現代の住まいは、とうぜん材も建築方法も草庵茶室の様式とはかけ離れています。かつては地域の気候風土に合う地産の天然材料を用い、伝統工法の継承者である職人が造る木造建築が当たり前でしたが、効率優先で、短期間のなか工場生産の新建材で建て、二〜三〇年ほどで建て替えるというサイクルが確立している現代では、そのシステムから外れることは、どうしても相応のコストが発生せざるを得ないことを意味します。

もちろん、それを承知で本格の草庵茶室を建てると決断されるのも一つですし、これまでも、その要望に全力でお応えして参りました。本書で紹介している事例はその成果の一面といえます。

ただ、一つ申し上げておきたいのは、そのような本格的な茶室を建てる余裕がない場合でも、無理のない範囲で、茶を愉しむことのできる茶の湯空間をもつことは可能だということです。たとえば大きな間取り変更などはせず、動線を整理することと、壁の表面に内装として天然材料（木・土・竹・紙）を意匠することで、相応の茶の雰囲気を演出することも可能です。また、最近は和室がない住宅も珍しくなってきましたが、洋間に置き畳などを敷いたり、椅子で使える創作棚を設置したりすることで、正座ができなくなった場合に対応することもできます。そのような対応事例は、117頁からの項目で詳しく紹介しています。

◆

茶道の作法は、衣食住のくらしの流れの中で、人と人との関わりを大切にする「おもてなしの文化」です。亭主は客に少しでも心持ちよくお茶を召し上がって頂けるよう、季節・行事など茶会のテーマを決め、露地の清めから、抹茶、床の間の軸と花、菓子などに気を配り、茶席を整え、ひとときを楽しめるよう雰囲気づくりをします。

何より大切なのは、目的に応じて臨機応変に、かつ滞りなくこのような茶の湯空間づくりができることです。それこそが「よい茶室」という定義に適う一番の場であり、お茶の心に適うことだと感じています。

本格の茶室はとうてい手に届かないから、とあきらめてしまう前に、まずは今現在のご自身の生活空間を客観視して、実現可能な範囲の中で、お客様を心地よくもてなすという目的を達成できるようにすることを検討してみてはいかがでしょうか。そのための手助けが必要でしたら、お気軽に何なりとご相談くださればと存じます。

本格の茶室がほしい方も、なぜそのような茶室が欲しいのか、茶室の歴史背景を学んだり、ご自身の実現したい目的を改めて整理したりする機会を設けてみてください。そうすれば自ずと、茶室の形も絞られてくるものと思います。

住まい・ビル内、さまざまなタイプから研究できる
施工実例×12件

取材・文　淡交社編集部、淡交社建築部
写真　小笠原敏孝
渡辺琢哉
二村海

◆図面上に配置した番号は各写真の番号と対応させ、撮影場所を示しています。
◆図面上に記した青色の太線矢印は亭主の動線を、緑色の同矢印は客の動線を示したものです。
◆茶室の各部名称や専門用語の詳しい解説については、淡交社建築部監修による書籍第一弾、『わが家に茶室をつくるには。』を併せてご参照ください。

下載清風付與誰

戸建・改装のくふう

1

広間・小間・四畳席、さまざまな茶の場面に対応できる京町家の茶室

O邸（京都市中京区）

京都御所のほど近く、高倉通り沿いに建つ築百年あまりの京町家。この家には、二階建の母屋と離れの座敷、それに蔵が建っています。母屋の二階を住まいとし、一階を茶の湯空間、離れを一組のお客が宿泊できる空間に、という多様の使用目的をふまえて、もとの雰囲気を守りつつ、茶の湯空間づくりがなされました。

◆

改装前の母屋の一階は、玄関式台の間、通り庭とそれに接する台所と食事の間、居間と八畳、六畳の座敷が廊下広縁でつながり、離れへの渡り廊下沿いに浴室、化粧室がありました。母屋に住まいと茶の湯空間の二つの用途があるので、主に茶の湯のお客様は玄関から、住人と宿泊客は内玄関の通り庭から入るようにと動線を分けるようにプランがなされました（19頁図面参照）。

まず大きな改修ポイントとして、茶の湯の動線を考慮し、玄関式台と縁、奥へと続く廊下は既存のままとしつつ、既存の八畳間と六畳間を入れ替えて玄関側に八畳広間席を設け、お茶の稽古場としてだけでなく、普段の応接の間としても利用しやすいようにしました。

そして、既存八畳の残りの空間と広縁の空間を利用して二席（四畳桝床《ますどこ》席、一畳台目席）を設け、広縁の部分には土庇《どびさし》を意匠。露地側から見る茶室外観の雰囲気をつくり、宿泊者もこの贅沢な茶の湯空間を鑑賞・体感するこ

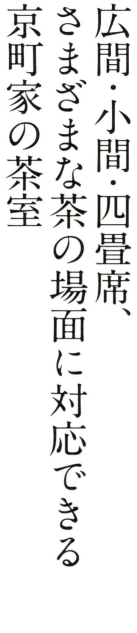

八畳広間席。床の間が中央に配置され、脇には琵琶棚が

とができるようになっています。ただし、茶の湯空間と客室が干渉しすぎないよう配慮し、中庭の既存の木々や石組などを使って作庭し直しています。

さまざまな炉の切り方に対応

茶席を順に見ていきましょう。まず、八畳広間席の床の間は席の中央に設けました。脇に琵琶棚《びわだな》*がある「琵琶床《びわどこ》」です（写真1）。床柱は既存材を活かし、脇に地袋（収納）を設置。炉には八畳間の二カ所で稽古ができるよう、本席の炉と別に電熱炉を設置。天井は既存の六畳間の天井をそのまま活かして点前座を落天井《おちてんじょう》としました（写真4）。点前畳の横の壁面は、既存の襖四枚立を使用。点前座の襖二枚を外せば四畳桝床席と八畳席とを合わせ、一席の大広間として大寄せの茶会に対応できます。

2

琵琶棚の内部は収納となっている

＊琵琶棚……床の間の脇の半間ほどを一段高くして板を張ったもの。ここに琵琶を飾ったのがその名の由来。

客座から見た八畳席。点前座の奥は道具入。簀戸は襖と入れ替えられ、その奥に四畳席が

3

6

既存の床柱の鴨居のほぞを埋木した上で、落掛《おとしがけ》と接合している

4

八畳席の点前座は既存の天井から一段下げた落天井となっている。最奥(床側)は冷暖房の吸込口

7

広間席は床《ゆか》が畳敷の本床《ほんどこ》。
床框《とこがまち》には半割の北山杉、天端呂色塗を使用

5

既存天井の一部に開口を設け冷暖房の吹出口とした

点前座から見た広間席。葦戸の奥は既存の坪庭

8

八畳席に隣接するのは、枡床《ますどこ》の四畳席です（写真9）。中庭に設けた露地の貴人口《きにんぐち》（写真19）から席入りできます。炉は台目切《だいめぎり》を除く四カ所に切ってあります。

そしてもう一席が、八畳席に接する一畳台目席。ここで台目切の炉を本勝手・逆勝手双方に切り、さまざまな稽古に対応できるようにしています。躙口《にじりぐち》から席入りすると、壁床《かべどこ》とツバキの中柱《なかばしら》、片流れの化粧屋根裏天井が同時に視界に入り、草庵《そうあん》の風情が感じられます（写真15）。

京町家の中庭が茶庭に

露地は、幸い中庭に十分なスペースがあったため、枝折戸《しおりど》を設け、内露地・外露地と分けることができました。蹲踞《つくばい》、飛石《とびいし》などには庭に元々あった石を利用。「沓脱石《くつぬぎいし》としては大きすぎ、飛石としては丸すぎるかもしれませんが、あるものを活かすことができてよかった」とのこと。燈籠《とうろう》も既存物を利用しましたが、茶の趣《おもむき》を演出するため、低く据え直すくふうをこらしています。

茶庭らしい風情を醸し出す内露地の植栽は、既存の高木（マツ、ヤナギなど）の脇役として、カジノキ、モミジ、ソヨゴなどの低木を加植しました。一面に美しく生え揃った杉苔は、管理には気を遣いますが、「炉に使用した炭をまくと苔が枯れにくくなるのでお薦めです」とのことです。

9

外露地の腰掛待合にも大きなくふうが。こちら、実は母屋と蔵をつなぐ渡り廊下を利用してつくられており、廊下として利用する際には、両脇の壁が開き、通れるようになっています（写真22・23）。そもそも、宿泊施設と一階茶の湯空間は、法的に庭も含めて区画する必要があります。宿泊施設側を通って蔵

10

四畳席、客座は網代天井、
軽やかな木組の照明も小間席に相応しい

11

四畳席の点前座の天井。糸編みの蒲葉を平張りし、
女竹で押さえる。床側には冷暖房の通風出口を設置

12

上：四畳席。壁面に大開口の下地窓を設けた。点前座天井の壁止は白竹
下：四畳席の床の間には墨蹟窓を設けた

13

貴人口側から見た四畳席。半畳分の板張の枡床で、床柱は赤松皮付

に入れないため、渡り廊下沿いにあった浴室を改装して寄付とし、茶室土庇に続く塀沿いに新たに土庇を伸ばして蔵へと続けました（写真24）。腰掛待合は、その土庇が備わった渡り廊下を利用し設けられています。腰掛待合としては座る部分の奥行きが広めですが、できるかぎりその幅を狭くすることで、露地が少しでも広く感じられ、通路としても腰掛としても、双方の用に足りるつくりとしています。「蔵に道具をしまう時、動線に無駄がなく大変便利です」とのこと。なお、渡り廊下は一部を可動式の檜スノコとして、お茶会の折には片付けられるようにし、露地の支障にならないように考慮しました。

14

一畳台目席、露地側より。躙口の上部には突上戸の雨戸を設置した連子窓《れんじまど》が

15

一畳台目席、躙口からの景色。
野趣に富んだ化粧屋根裏天井と中柱

一畳台目席

一畳台目席、点前座からの景色。天井照明は風情を損なわないよう天窓風とした

腰掛待合より。枝折戸の奥に蹲踞、そして茶席が　18

一畳台目席、躙口の脇にはこんな隠し扉が。収納蔵への動線を確保　17

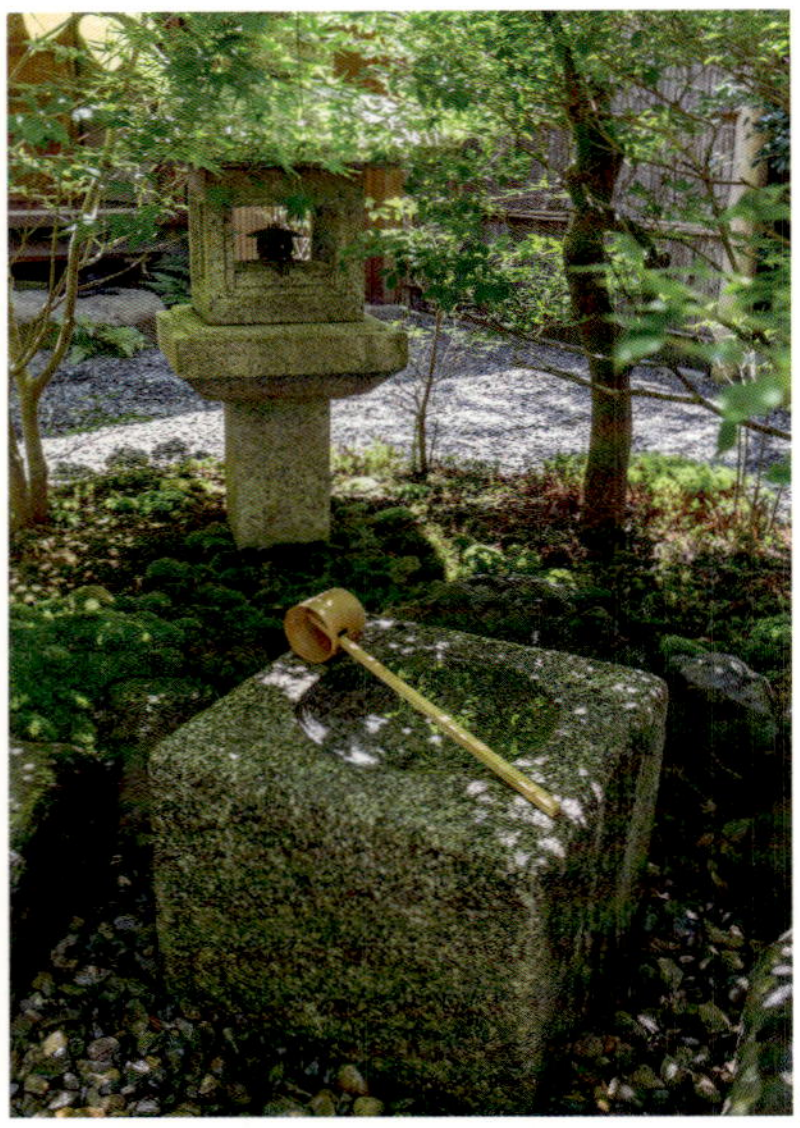

20

元々あった石を利用した蹲踞と燈籠

四畳席の客側の出入り口となる貴人口

19

22
茶室と収納蔵をつなぐ渡り廊下に設けられた腰掛待合。既存の廊下より幅を狭くしている

23
蔵への出入りも支障ないよう開閉式とした

21
腰掛待合のもう一方の側面は杉皮張り。
ここも開閉可能

後から設置した腰掛待合の庇

24

28

丸炉も設置されている

29

目立たせないよう壁面側に設けられたコンセントプラグ

30

水屋壁面に集約された電源スイッチ類

31

右端一列は電熱炉のスイッチのため、
不使用時の誤作動を防ぐために覆いを付けた

25

約一間分、十分な幅が確保された水谷

水屋空間は居間・食堂・台所空間を利用し、その一角の茶室廊下の裏に設けてあります。茶事、お茶の稽古など、多目的に対応できるよう、水屋の壁には折り畳み棚、台所に接する壁にはカウンター付のハッチを設けてあります（写真26・27）。

「何よりさまざまな稽古に対応していること、そして茶事の際の使い勝手も良いこと、大変気に入っています」。既存の町家の潜在能力を存分に活かした、二つとない茶の湯空間です。

27

懐石料理の配膳の際にも重宝する
開閉式のカウンター

26

既存キッチンと隣接した水屋空間。
黒い棚もオーダーメイド

Before

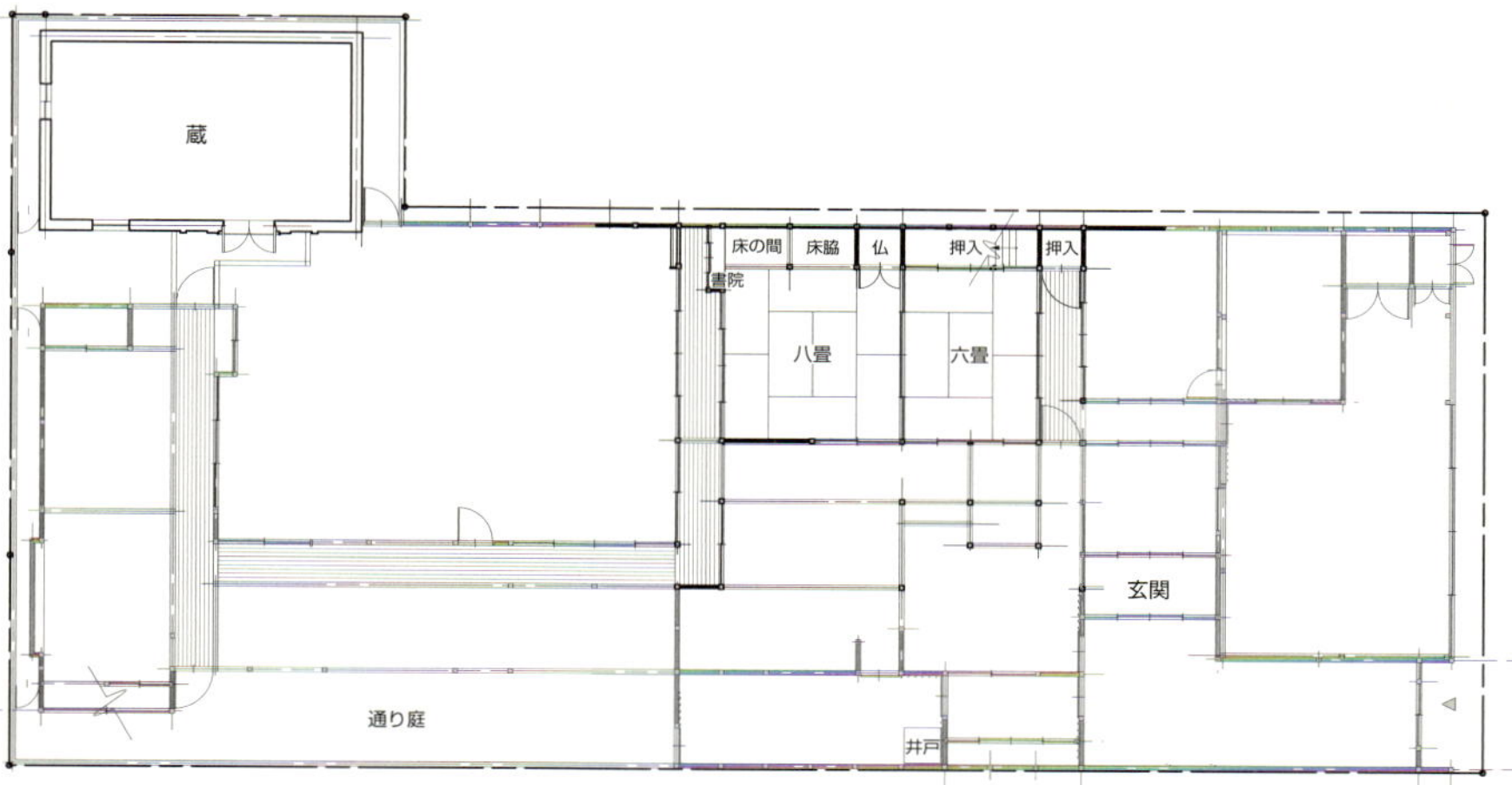

After

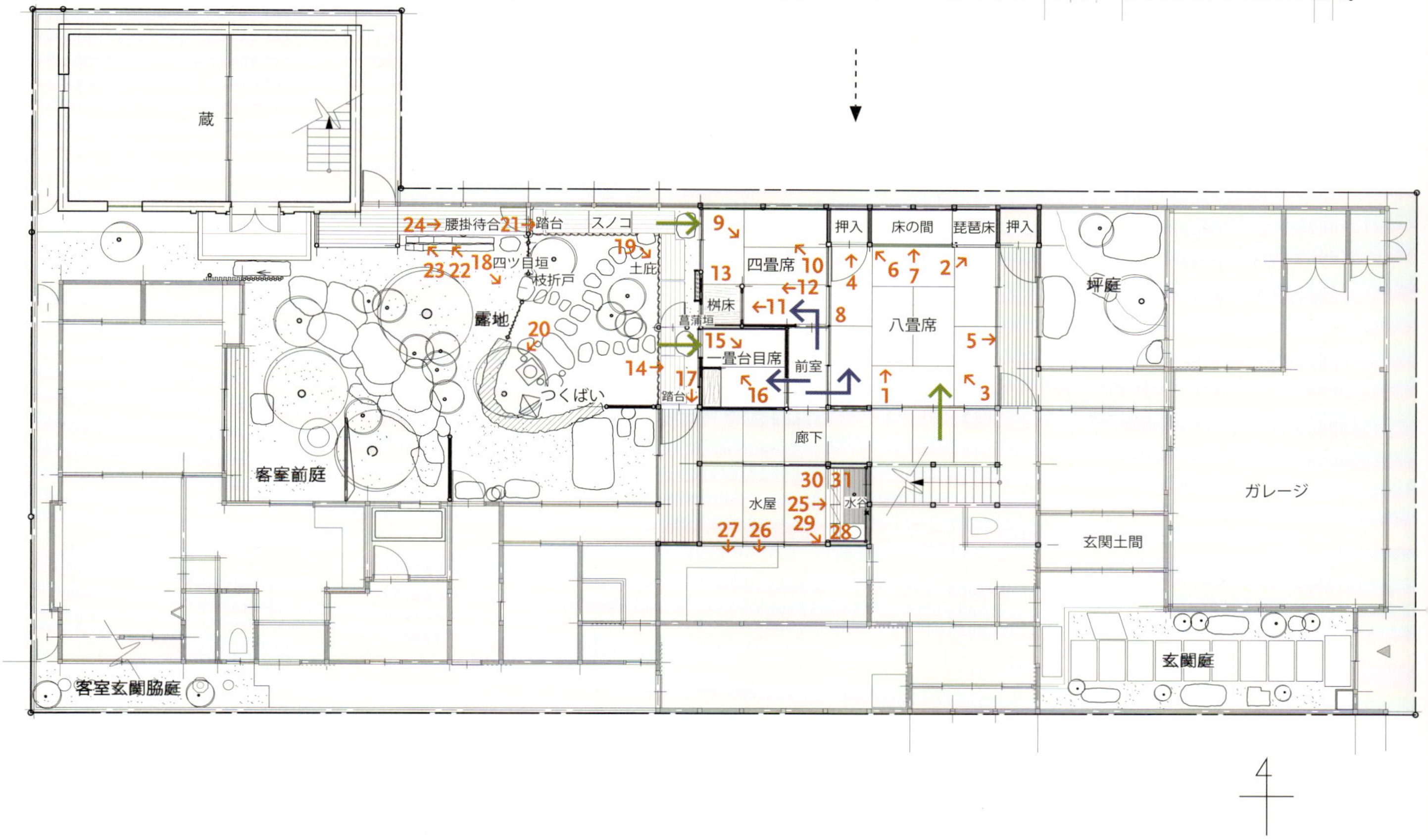

O邸 DATA

所在と構造	京都市中京区(木造戸建)
主な施工範囲	八畳広間＋四畳席＋一畳台目席＋水屋(改修)

主要部仕上表✚八畳広間席

床の間	床柱／既存、床框／北山杉丸太太鼓落とし(天端カシュー呂色塗)、落掛／赤杉、天井／赤杉鏡板張、畳敷、琵琶床／天板既存板加工
天井	既存
壁	土中塗　切返し仕上げ
その他	柱／北山杉丸太、鴨居／赤杉

主要部仕上表✚四畳席

床の間	床柱／赤松皮付、落掛／赤杉、天井／支給材加工、赤松地板
天井	平天井／黒部野根板網代張、落天井／蒲葉黒糸編み(竿：白竹)
壁	土中塗　切返し仕上げ
腰張	西の内紙　湊紙
その他	柱／北山杉丸太、鴨居・方立／赤杉

主要部仕上表✚一畳台目席

天井	掛込天井(化粧板：黒部野根板、垂木：芽付白竹)
壁	土中塗　切返し仕上げ
腰張	西の内紙　湊紙
その他	柱／北山杉丸太・北山杉小丸太、中柱／ツバキ、鴨居・方立／赤杉

関島邸「久《きゅう》弘《こう》庵《あん》」（福島県喜多方市）

さまざまな稽古に対応する「地域共有の道場」

1

平屋建の茶室「久弘庵《きゅうこうあん》」。土庇、鉄砲垣などで茶室に相応しい化粧が施された

2

大徳寺 聚光院・小野沢虎洞住職の揮毫《きごう》による扁額

福島県会津地方、磐梯山《ばんだいさん》を中心とした山々に囲まれた会津盆地の北、越後と接する喜多《きた》方《かた》市。盆地特有の寒暖差が激しい気候で、冬は時に二メートル超の雪が積もる豪雪地帯です。JR喜多方駅から程近いこの地に建つ平屋の住まいを改修したのが今回紹介する茶室「久弘庵《きゅうこうあん》」です。雪囲いを考慮しつつ、茶室らしい外観とするため母屋の外壁に増設した土庇《どびさし》より玄関土間へ入ると、下駄箱と荷物棚を備えた玄関ホールが広がります。「でも三〇名ほどいらした際はさすがに手狭でしたので、増設も検討しています」と話すのは施主の関島《せきしま》さん。「自分が生まれ育った喜多方の地に茶の湯文化が更に広まるきっかけとなるような、多くの人に使われる茶室を」という強い思いを胸に、現在の東京の住まいから遠く離れたこの家の離れの座敷を、茶の湯空間に生まれ変わらせました。

四畳半台目席にて、主の関島氏 3

玄関土間脇に設けた大容量の下駄箱と荷物置き。
奥は化粧室へと続く

5

玄関の土間から内露地を見る。
小上がりの向こうに白竹の縁が見え、その先に手水処が

4

点前座の景色。草庵に相応しい、適度に曲がった中柱が美しい。炉は本勝手台目切

7

躙口側から見た四畳半台目席。天井は化粧屋根裏の掛込天井、網代の平天井、点前座の落天井と真行草に分けた

8

点前座を茶道口から見る

11

室内に設けた手水処。
蹲踞の排水は土間をつたって自然と屋外に流れ出るように施してある

寄付。既存の柱を床柱として利用している

12

9

四畳半台目席の露地空間。
奥は水屋への通路となっており、亭主の働きを助ける

10

四畳半台目席の躙口。
手前の白竹が敷かれる部分は室内の露地空間

懐の深い水谷。脇に見えるのは既存の大黒柱 **15**

広間席に近い所に設置された「立ち水屋」 **13**

14

通路の空きスペースを利用し設置された置き洞庫

四畳半台目席、立礼席、八畳広間席

当初は新築も検討したものの、予算を有効活用すべく、既存家屋を活かすプランを採用。「さまざまなお稽古に対応できること、それが一番の要望でした」との言葉どおり、計三席の茶室が設けられました。

一席目は四畳半台目席。一〇畳間と周りの広縁の天井は触らず、その空間の中に内露地と四畳半席、水屋を組み込んであります。炉は本勝手台目切のほか、計三カ所切ってあります（29頁図面参照）。床の間には明かり採りの墨蹟窓《ぼくせきまど》が設けられ、赤松皮付丸太の床柱《とこばしら》が侘びた風情を演出。台目畳の点前座は百日紅《さるすべり》の中柱《なかばしら》で隔てました。「中柱は、材木所をいくつも巡り、好みのものを探してくださいました」とのことです。

八畳広間席①

16 仏間も兼ねた、一つ目の八畳広間席。写真左端の襖の奥に仏壇が収納。大炉が切られている

17 土間席として使用できるよう、床には漆塗仕上げの飾り棚を設置した

八畳広間席 ②

三つ目の八畳広間席。床柱は既存柱（檜） 18

19 広間席の床の間の天井は、杉板一枚張の鏡天井。三幅対の軸にも対応できる

20 下地窓風のエアコン隠し

また、既存建物の中に入れ子状に建てた四畳半席の周辺はくるりと一周回れるようになっており、亭主の動線が確保され「準備作業が大変楽」とのこと。その通路を活用して洞《どう》庫《こ》も設置しました(写真14)。太鼓襖も付け、その扱いや、四畳半席の席入りの稽古をすることも可能です。

◆

二席目、仏間八畳は八畳広間席として改装。寄付・土間席・大炉の間にも対応できるよう、既存の床の間をなくし、飾り棚に造作しました。

三席目も客間八畳を本勝手切にするため、既存の床柱をそのまま活用し、従来の床の間と押入の位置を入れ替え、広縁側に水屋を設けました。その水屋は流し台に水屋棚を設けた、通称「立ち水屋」です。「広間席に近く、補助的に使えて重宝しています」とのことです。

Before

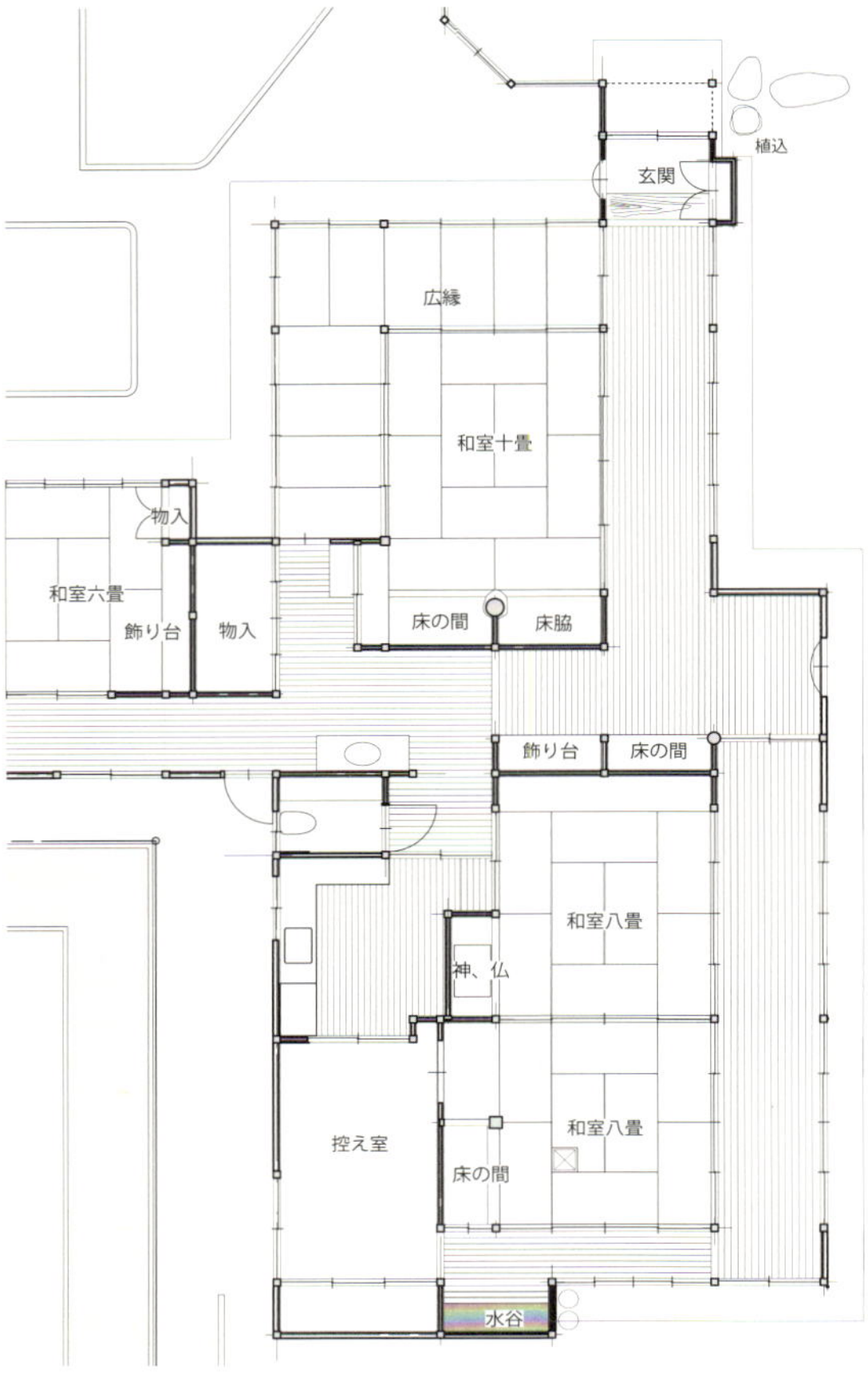

21

茶筅塚の石碑。シンボリックに庭のほぼ中央に配置されている

パブリックな空間の象徴、茶筅塚

露地に目をやると、そこには既存石を活用した蹲踞《つくばい》が。ただし腰掛待合、四ツ目垣、枝《し》折戸《おりど》はなく、茶庭らしい植栽も施していません。なぜかといえば、雪深いこの地、積雪の重みによる破損の可能性があるため、腰掛待合・枝折戸ともに可動式にし、普段は仕舞っておいて、必要な際だけ取り出して使用できるようにしています。また、雪の中屋外に出る必要をなくすため、室内にも手水処《ちょうずどころ》を設けました。

屋外には、もう一つ目を引くものが。それは玄関にほど近い所に設置された石碑です。「茶筅供養のための茶筅塚です。この近辺にはあまりないと聞き、地域の役に立てばと思い設置しました」とのことです。

「いずれはこの建物の趣旨に賛同し、志ある方に寄付をとも考えていますが、まずは近いうちに、貸茶室とすることも検討しています」という展望もあるようです。

「自分が若いうちに、思う存分ここで稽古をしたかった」と笑う関島さん。今後も地域の人々に広く開かれた茶室としての役割を果たし続けるのでしょう。

関島邸 DATA

所在と構造　福島県喜多方市(木造戸建)
主な施工範囲　四畳半台目席＋八畳土間席＋八畳広間席＋水屋＋寄付(改修)

主要部仕上表✚四畳半台目席
床の間　床柱／赤松河付、床框／杉へっぺい、落掛／赤杉、天井／赤杉鏡板練付、畳敷
天井　平天井／黒部杉板網代張、掛込天井(化粧板：黒部野根板、垂木：芽付白竹)落天井／蒲葉黒糸編み(竿：白竹)
壁　ジュラックス塗仕上げ
腰張　西の内紙、湊紙
その他　柱／北山杉丸太(面皮)、中柱／百日紅、鴨居・方立／赤杉

主要部仕上表✚八畳土間席
床の間　床柱／北山杉並絞丸太、落掛／赤杉、天板／松、天井／既存、畳敷
天井　既存
壁　ジュラックス塗仕上げ
腰張　西の内紙　湊紙
その他　柱／北山杉丸太、鴨居・方立／赤杉

主要部仕上表✚八畳広間席
床の間　床柱／既存、床框／北山杉丸太太鼓落とし(天端カシュー呂色塗)、落掛／赤杉、 天井／既存、畳敷
天井　既存
壁　ジュラックス塗仕上げ
腰張　西の内紙
その他　柱／既存、鴨居・方立／赤杉

庭の離れに建つ平屋を改築・改装。土庇から下の壁面を増設し、露地を整えた 1

2 母屋(写真右手側)との関係。応接間から庭先に出て、枝折戸を開け内露地へと進む動線

戸建・離れの改修

リタイヤ後の決断、庭先の離れを改装し得た唯一無二の場

吉田邸(大阪府茨木市)

表千家茶道を習う吉田さんご夫妻。「家内の茶歴は長いですが、私が本格的に始めたのは定年後のここ数年。仕事で茶室建築に関わったことをきっかけに、どんどんお茶に惹かれるようになりました」とご主人は話します。「いよいよ自宅に茶室をと思い立ち、いくつか業者を回りましたが、仕事で関わったために知識だけはある程度備わっていたので、どのプランもなかなか腑に落ちませんでした」といいます。そんなとき、淡交社の書籍『わが家に茶室をつくるには』を見てすぐ連絡。自宅庭に建つ平屋建の離れを、三畳台目席、水屋、寄付に改修することになりました。

「要望としては点前座だけでなくすべての畳を京畳にしたかったのですが、他業者からは、間取りと寸法からして、仕切り壁を壊すか京畳をあきらめるよう言われていました。ですがいろいろな可能性をさぐり、京畳を用

皮付の赤松丸太が印象的な三畳台目席。床の間の奥行きも一間分確保している

3

本勝手向切の点前座で一服振る舞う亭主

4

いてはみ出るぶん、躙口《にじりぐち》のある壁の位置を三〇センチほどせり出させ、畳を入れる提案をしてくださった。動線にも無理がなく理に適っていて、まさに待ち望んでいた案でした」とのことです。

真似をしたくなる くふうが随所に

耐震補強をしつつせり出させた壁面は、茶室正面の「顔」として、躙口《にじりぐち》・連子窓《れんじまど》のほか、低い位置に土庇《どびさし》が増設され整えられました（写真1・9・10）。母屋からの動線途中に枝《し》折戸《おりど》を設け、低木を中心とした植栽や杉苔が美しく整えられた内露地を通って躙口から席中に入ると、希望通りの三畳台目席には本勝手切、向切の二カ所に炉が切られています。赤松皮付丸太の床柱《とこばしら》、片流れの化粧屋根裏天井には突上窓《つきあげまど》風の照明が備えられた小間席らしい侘びた造作。点前座は蒲を女竹で押さえた落天井《おちてんじょう》として亭主の謙譲の心を演出します（写真8）。

三畳台目席、点前座からの視線。片流れの化粧屋根裏天井が美しい。突上窓風の照明も設置した 5

8

点前座上部、エアコンは下地窓で存在感を消す。
天井は蒲の落天井

6

三畳台目席、赤松皮付丸太の床柱。
点前座の壁止には煤竹を用いた

9

躙口の増設部分。二本ある柱のうち奥が既存建物のもの、
手前が増設した部分

7

三畳台目席、点前座と床の間

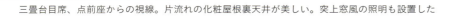

11

美しく苔生す露地。光悦垣も備えた

内露地を眺める。増設部分に躙口、連子窓と土庇を設けた

10

12

整えられた表千家流の水谷

13

寄付待合と収納場、多目的に利用している座敷。
銅鑼もここに置く

14

留め具を渡す簡単なくふうで畳を立て掛けられるように

15

畳収納バーと懐石道具などの収納棚。
上部の板張の部分に冷暖房機が設置され、
配管は竹筒で隠している

◆

隣接する水屋を挟んだ反対側の部屋は寄付スペース。大容量の収納も備えています（写真13）。

既存のキッチンスペースには、時期により入れ替えた畳を立てかけられる特注のバーが設置されています（写真14）。「竹で押さえる簡単な仕掛けですが、これだけで立派な壁面収納に。席に近い位置に設置してあるので、重い畳の移動も苦にならない。助かります」とのこと。そして畳収納の隣には、天井まで届かんばかりの大きな棚も設置。準備した懐石料理の膳を置いておくなど、茶事の際に大変重宝しているそうです。また、棚の最上部の板張りの部分は、茶席の壁掛け冷暖房機がすっぽり収まっており、太い竹筒は、その室外機につながる配管を覆っているものです。「冷暖房機を付けるなら、確かにこの位置し

八畳広間席

母屋の八畳広間席。大規模な改修は行っていないが、点前座の畳を京畳に入れ替え、襖も替えた　16

ふだんの稽古の場として用いられる広間席にて
点前をする吉田夫人　17

かなかったでしょうが、こういう処理法で無機質な配管を隠し、茶道具棚と畳収納を取り合わせた造作ができるものかと、大変感心しました」と吉田さんは笑います。

◆

改修は母屋のほうにも及び、ふだん使いをしている既存の八畳広間席は、点前座を京畳に入れ替え、襖も相応しいものに替え茶味を出しました(写真16)。床柱は既存材を利用し、床畳は入れ替えています。そして広間席にほど近い、階段下の元は収納だった部分には、簡易な置き水屋を設置しています(写真18)。「普段の稽古は広間で行いますが、茶事や節目の茶会で離れの小間席を使うと、やはり雰囲気がよいから、気分がすごく落ちつきます」と吉田さん。定年後、ふだんは使っていなかった庭先の離れを改修して手に入れた茶の湯空間。戸建の住まいを持つ人にとっての一つの模範ともなりうる、思わず真似をしたくなる技がつまった茶室です。

19

広間席の茶道口用に、
特注の一畳半ぶんの置き畳を用意

20

18

元は階段下の収納庫だった場を簡易水谷に。
配管工事不要の置き水屋を設置した

母屋の広間席。床柱や床脇は既存

21

吉田邸 DATA

所在と構造　大阪府茨木市（木造戸建）
主な施工範囲　三畳台目席＋八畳席＋水屋（改修）

主要部仕上表✚三畳台目席
床の間　床柱／赤松河付、床框／杉へっぺい、落掛／米杉、天井／赤杉鏡板張、畳敷
天井　掛込天井（化粧板：黒部粉板、押さえ竹：胡麻竹、垂木：北山杉丸太）、落天井／蒲葉黒糸編み（竿：女竹）
壁　ジュラックス塗仕上げ
腰張　西の内紙、湊紙
その他　柱／北山杉丸太　檜錆丸太、鴨居／米杉

主要部仕上表✚八畳席
床の間　床柱／既存、落掛／既存、床框／北山杉丸太太鼓落とし（天端カシュー呂色塗）、天井／既存、畳敷
天井　既存
壁　ジュラックス塗仕上げ（茶道口廻り）
腰張　西の内紙
その他　柱／既存、鴨居（茶道口）／米杉

山崎邸、ログハウス内に設けられた四畳半席。暖炉が席に温もりを与える　1

別荘・改装のくふう

山崎邸「旅求庵《ろぐあん》」（長野県北佐久郡軽井沢町）

森の中に佇む、ログハウス内の「暖炉のある茶室」

江戸時代、中山道の一宿場町であった軽井沢は、明治中頃に訪れた外国人宣教師が「森の中の屋根のない病院」と讃《たた》えたことをきっかけに、いまなお続く絶好の保養地・避暑地として変化を遂げていったといいます。この歴史ある別荘地に建つ、とあるログハウス内に、まさに「男の浪漫」を具現化したようなこの茶室空間が出現したのは二〇一四年のこと。施主の山崎さんは、「元々カタチから入る質《たち》で、点前もまだ覚束《おぼつか》ない初心者ながら、大きな茶道具を求めたつもりで、好きにやってしまいました。女房には呆れられていますが（笑）」と話します。

美しい紅葉に囲まれたログハウス。写真左側が出入り口、右側手前は腰掛待合、奥が躙口《にじりぐち》

2

4

3

建物中央辺りに設けられた躙口と雨戸状の連子窓

◆

バブル期に建てられたという別荘を中古で購入後、離れとして建っていた海外直輸入のログハウスを茶の湯空間にしようと思い立った山崎さん。詳細に打ち合わせを重ねる中で、居間に備えられていた暖炉を「せっかくだから」撤去せず、結果としてほかのどこにもない茶室、四畳半＋台目二畳席＋水屋の形に改装され、「暖炉のある」オンリーワンの茶の湯空間が出来上がりました。

上：ログハウス内茶室を正面から。床の間は元の壁面をそのまま利用してその上に塗壁を造作し、床柱(半柱)を入れている　5
下：四畳半席、点前座からの景色。丸太木組のユニークな表情が席を彩る。
床脇は、既存の物入部分を利用し飾り棚を造作(天板赤松)。地袋は太鼓貼の襖を設け、書院風に仕上げた　6

上：床の間側から。暖炉の存在感が際立つ。入口は上部鴨居に合わせて仕切ることができる。 7
左手の躙口側には木製の複層ガラスが入る(防寒・防犯対策)。天井最上部の隙間には照明を仕込んでいる
下：入口に仕切り襖と太鼓襖を入れると茶道口が現れる 8

10

亭主みずから板を削り
彫字してつくった扁額が掛かる茶室への入口。
扉を入れ替えれば
亭主と客の動線を変えることができる

9

11

床の間脇の飾り棚は、壁面がパネルになっており、
開けると大容量の収納庫に

12

暖炉際の収まり。
畳の形状に合わせ板をはめている

13

14

通路を兼ねた台目二畳の空間には
炉が向切で切ってあり、
入口脇の壁には壁床を設け、
小間席として使用することも可能だ

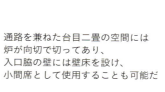

既存の浴室を解体し化粧室を移設、その部分に水谷を設けた　15

庭にある石を見繕って蹲踞の石組をし、
その上に購入した鉢を手水鉢に見立てて配置している　16

「何より自分が愉しむために」、その思いを実現できる場所

離れのログハウス内は台所・トイレ・風呂も備わる完結した住空間でしたが、風呂を解体して化粧室を移して水屋に、台所は通路を兼ねた台目二畳席へと変更（写真14）。台目二畳席には向切の炉も切ってあります。

幸運だったのは、ログハウス内部の規格がたまたま京畳を敷き詰めた際の寸法とマッチしていたことです。四畳半本勝手の炉が切られ、床の間は壁床《かべどこ》とし、収納を兼ねた書院風の飾り棚が設けられ、その奥に茶道具の収納もできるよう造作してあります。水屋からの動線は、狭小空間ながらも、亭主側の茶道口と客側の出入口を分けて使えるようになっています（写真9・10）。

◆

室外に目をやると、庭に元々あった石から相応しいものを探して蹲踞《つくばい》を石組みし、腰掛待合からの道行に飛石《とびいし》を配して露地づくりがなされました。腰掛待合は、不使用時の損傷を抑えるべく開閉式としています。その先には躙口《にじりぐち》を設置し、突上窓《つきあげまど》風の雨戸を設置して茶室らしさを備えさせ、そして更にもう一重、木製建具（複層ガラス入り）を造作し、冬季の寒さと防犯面の問題を解決させています。

17

18

上：露地空間から。腰掛待合は開閉式で、
閉じている際には専用カバーがなされる
下：「現代の刀掛」、携帯電話置き場

特筆すべきは、腰掛の脇に設置したコンパクトな刀掛《かたなかけ》（写真18）。実はこれ、携帯電話置き場なのです。「現代人にとってはケータイが武士の刀のようなものかと思い、せめてこの茶室の中では世俗を離れてほしい、との願いを込めて設置しました」とのことです。

「男友だちを集めて、よく一服振る舞っています。酒を飲んで馬鹿を言っていた奴も、途端に『いいもんだね』と背筋が伸びる。これぞこの空間の力ですね。道楽の延長にしか見えないかもしれないですが（笑）、飲んで振る舞い、食べてまた飲む、そういうお茶の愉しみを、存分に味わうことができています。本当に茶室をつくってよかったです」と山崎さん。修養の場としての茶室がある一方、「大人の男」の趣味を実現できる場としての茶の湯空間のあり方、その格好の例といえるのではないでしょうか。

軽井沢の移りゆく季節の中、お客様のもてなしを考える楽しみを心ゆくまで味わうことのできる、亭主念願の贅沢な空間です。

Before

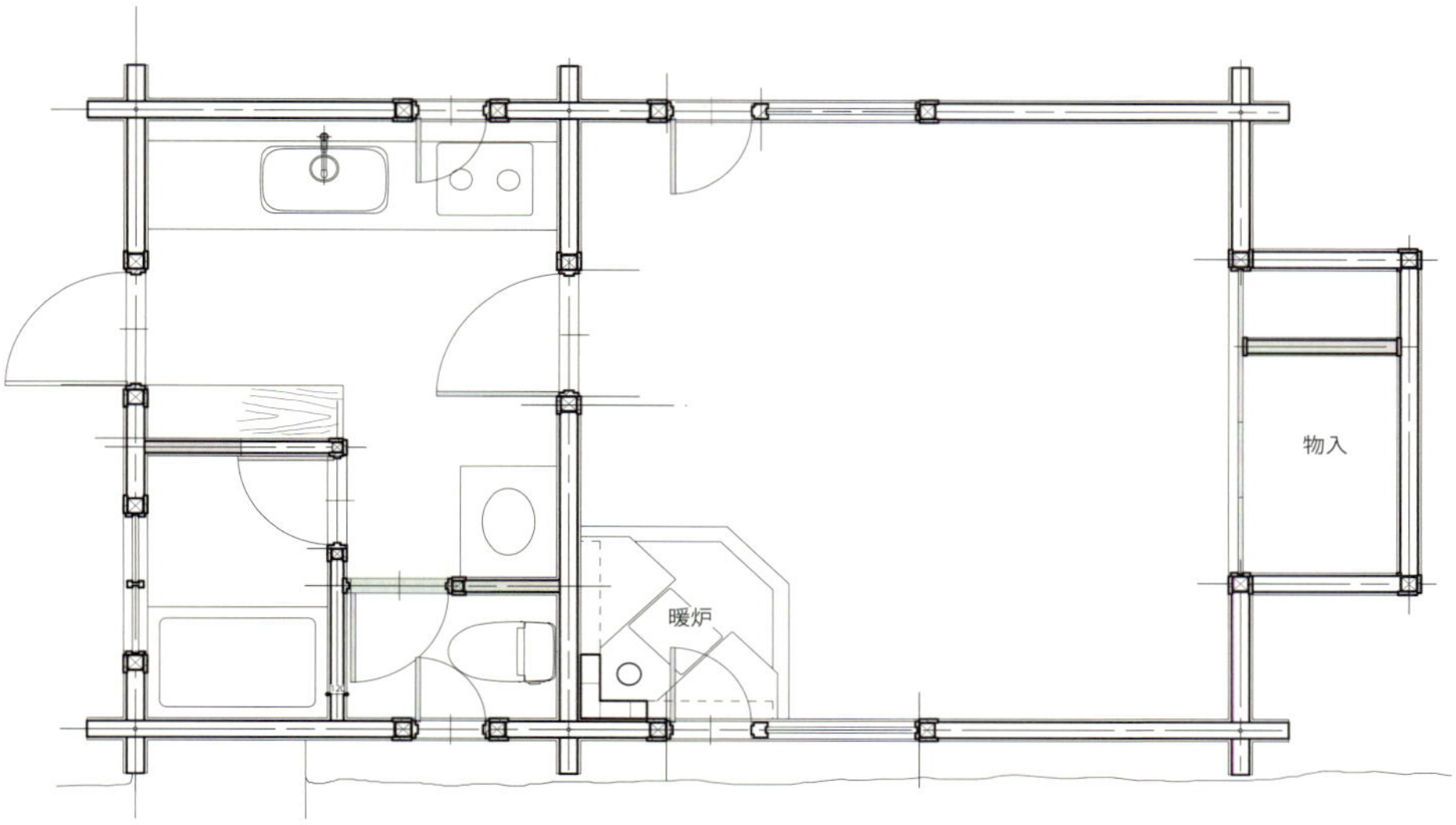

After

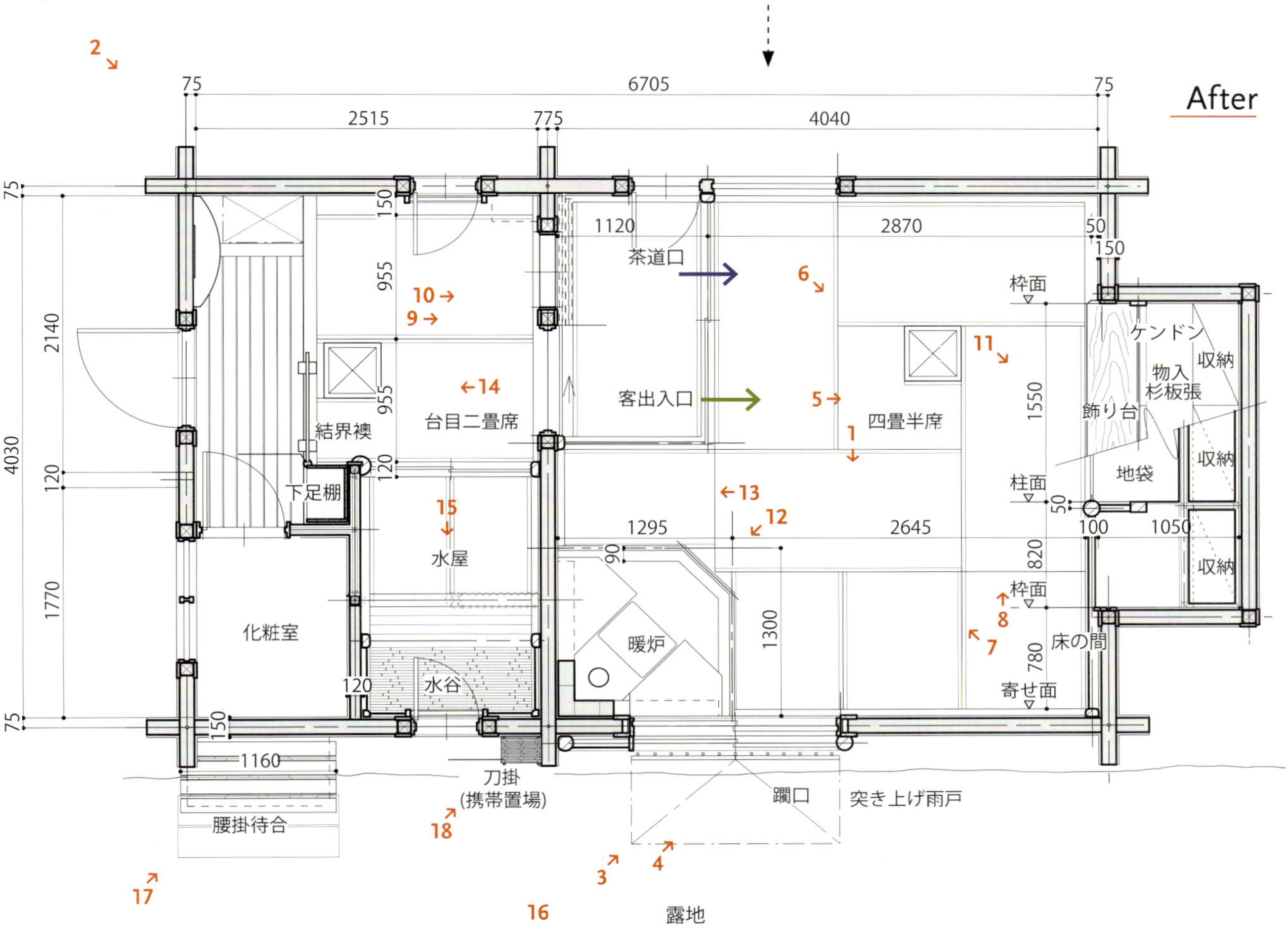

山崎邸 DATA

所在と構造	長野県北佐久郡軽井沢町(木造戸建)
主な施工範囲	四畳半席＋台目二畳席＋水屋(改装)

主要部仕上表✚四畳半席

床の間	床柱／北山杉天然絞丸太、床脇(飾り台)／松
天井	既存
壁	ジュラックス塗仕上げ(壁床)
その他	柱／北山杉丸太　鴨居・方立／赤杉

主要部仕上表✚水屋

天井	既存
壁	ジュラックス塗仕上げ(水谷)
その他	柱／北山杉丸太、鴨居・方立、腰板／赤杉

吉田邸、四畳半席（写真上）と八畳席（写真下）。実はどちらも同じ部屋だ。 1
上の写真では写真中央の下地窓が壁で半分隠れているが、写真下ではすべて見えている。可動壁がそれを可能にした 2

戸建・改装のくふう

吉田邸（岐阜県）

四畳半が八畳に?! 変わり身ができる茶室

木製家具製造業を営むご主人をもつ吉田さんが、自宅の客間の和室（八畳間＋縁側）を茶室に改装しようと思い立ったのは二〇一一年の頃。淡交社の書籍『わが家に茶室を作るには。』を読んだことがきっかけで依頼に至りました。吉田さんは、「当初、部屋の広さからして八畳間が妥当か、でも四畳半席も欲しい、とあれこれわがままをお伝えしていたんです、そうしたら、『日当たりのよい部屋なので、小間席と限定して光を遮ってしまうのももったいない。広間としても使える部屋にしましょう』と提案をしてくださって、はじめどういうことかと首をかしげました。プランを見ても半信半疑でしたが、出来上がったらびっくり、こういうことだったのかと納得しました」と話します。

そんな夢のようなプランを実現したのは、襖紙の間仕切りパネルです。八畳間の棹縁《さおぶち》天井に鴨居を組み込み、そこにパネルを建て合わせ、四畳半ぶんを囲えるようにすることで、八畳広間、四畳半席のどちらとしても使えるくふうが施されました（写真3・4、53頁図面参照）。広間として使う際には、パネルを壁側に寄せ襖が建て込んでいるように見せるので、邪魔になりません。

「パネルの入れ替えは女性一人で行うのは難しいものの、主人の力を借りて、これまで一年ごとに小間・広間と入れ替え、稽古や茶事を行っています。その都度新鮮な気持ちになり、本当によかったです」とのことです。

5

6

畳の入れ替え。敷居も可動式で、
四畳半(上)から八畳にする際には、敷居自体も場所を移す

3

壁面パネルとそれを固定する鴨居。ネジをはずせば撤去可能となる

4

四畳半席から八畳席への移設途中。
畳を入れ替え、壁面パネルを壁際へ移動

9

右側サッシは水屋通路からの出口。
杉皮で囲い、飛び石を敷いた野趣に富む外露地空間

10

外露地の腰掛待合

7

8

寄付から外露地の腰掛待合に進む際の通路。
板戸を開けると水谷棚が。
そう、ここは亭主側の空間でもある

内露地。杉苔が美しく生え揃う

11

内露地より。サッシの内側下部には、小間として使用する際には躙口の板戸と壁パネルを設置できる［写真右］。 12
広間の際はそれを外し、貴人口の障子戸として変更できるようになっている［写真左］ 13

既存宅の南向きの一室を茶室に改装。
低い位置に土庇を増築し、
鉄砲垣を設け茶室らしい外観に
14

水屋が客側の通路にもなる

「茶事を行う際は、玄関から寄付となる応接間にお客様を招き、そこから外露地の腰掛待合に進んでいただくわけですが、わが家は間取りに問題があり、玄関から外に出る必要がありました（図面参照）」と吉田さん。それでは不自然で動線効率も悪く茶味も損なうので、水屋を通って外露地に出られるようにできればと考え、お客様が通る際には水谷棚を隠すための引き戸を設置することで、戸を閉めれば通路となり、二枚ぶんの襖を開放すれば水屋に早変わりするようくふうがなされています（写真7・8）。

「その逆転の発想といいますか、水屋をお客様の通路にしてしまうという案には脱帽しました」と吉田さん。その「水屋通路」を通って更に外露地を進むと、京都の庭師が既存の庭石や樹齢百年を超える松などをそのまま活用し手がけた、美しく苔生《む》す内露地が広がります。

ここで躙口《にじりぐち》から席入りとなるわけですが、小間として使う際には中敷居を組み込んで備えた躙口と壁面パネルがサッシ内側に設置されているものの、中を広間の状態にしている場合はどうするのでしょうか。実は、そのパネルは外すことができ、代わりに貴人障子《きにんしょうじ》を入れ、貴人口《きにんぐち》として見立てて使用できるようにしています（写真12・13）。「二つの顔を持つ茶室」を成り立たせるため、細やかな配慮が施されています。

上：小間席の状態、点前座からの視線
下：広間席の状態、点前座からの視線

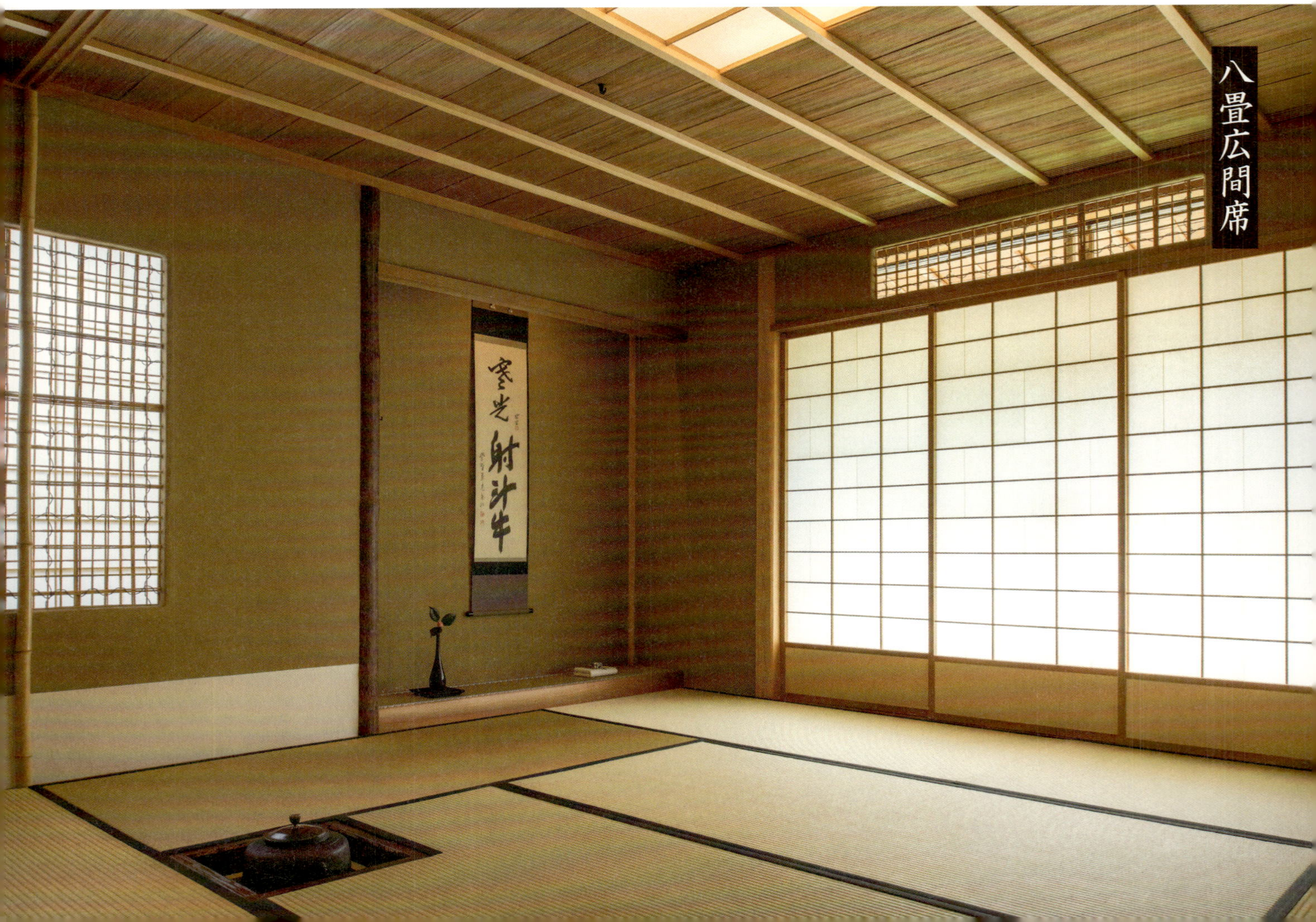

広間・小間いずれの場合にも対応できるよう釜蛭釘は二カ所に設置　**18**

実はこの床の間畳には、片面に濃淡縁、その反対側の面には中紋縁が施されている。小間・広間席の使い分けに対応する細やかなくふうだ（写真15、16参照）　**17**

21

20

水屋通路に設置した折り畳み式の銅鑼

22

ネジを取れば簡単に外れる茶道口の鴨居

19

八畳の状態、壁面パネルの腰張も広間用にしている

水屋棚。給仕用の点出台は隣室との開口部に設置されており亭主を助ける。その隣に古い水屋箪笥を設置し物入れに使用している　23

別室の広間に設置した創作棚。炉の点前ができるのが特徴。土台は箱状なので持ち運びも容易で、収納力も高い

水谷を隠す扉に使用したのは、かつて住んでいた家の古い漆塗りの框戸《かまちど》。また、曾祖父が使用していたという思い出ある「水屋箪笥」をその中に収め、茶道具の収納として活用しています。そしてその箪笥と、新たに設置した水谷棚との間には、隣室とつながる点出台を設置しました（写真23）。「この点出台に置いて水屋の扉を閉めれば、お菓子の準備をしておいてもお客様の目に入りませんので、亭主ひとりでも慌てません。また、扉を開ければ懐石膳を隣室より運べますので、半東《はんとう》さんの負担も少なく、すぐれた働きをもつ水屋にしていただけました」とのことです。

既存の別室座敷には正座をしなくても炉の点前ができる創作棚も設置されています（写真上）。あらゆるくふうは、使う人の動きを妨げない、なるべく負担を減らしたいというつくり手の思いの表れといえます。茶事、そして普段使いの際にも、その効力は存分に発揮されています。

Before

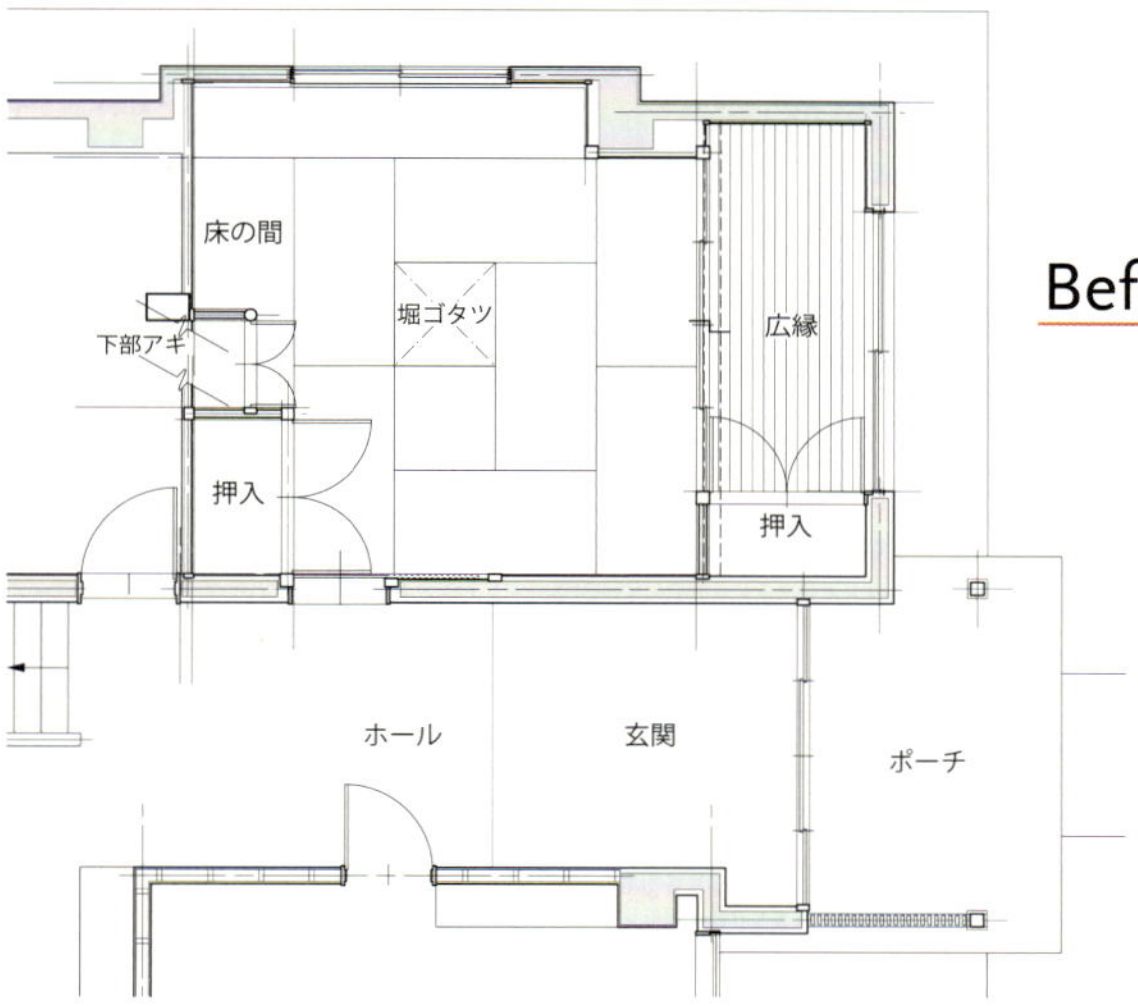

After
四畳半席にしつらえた場合

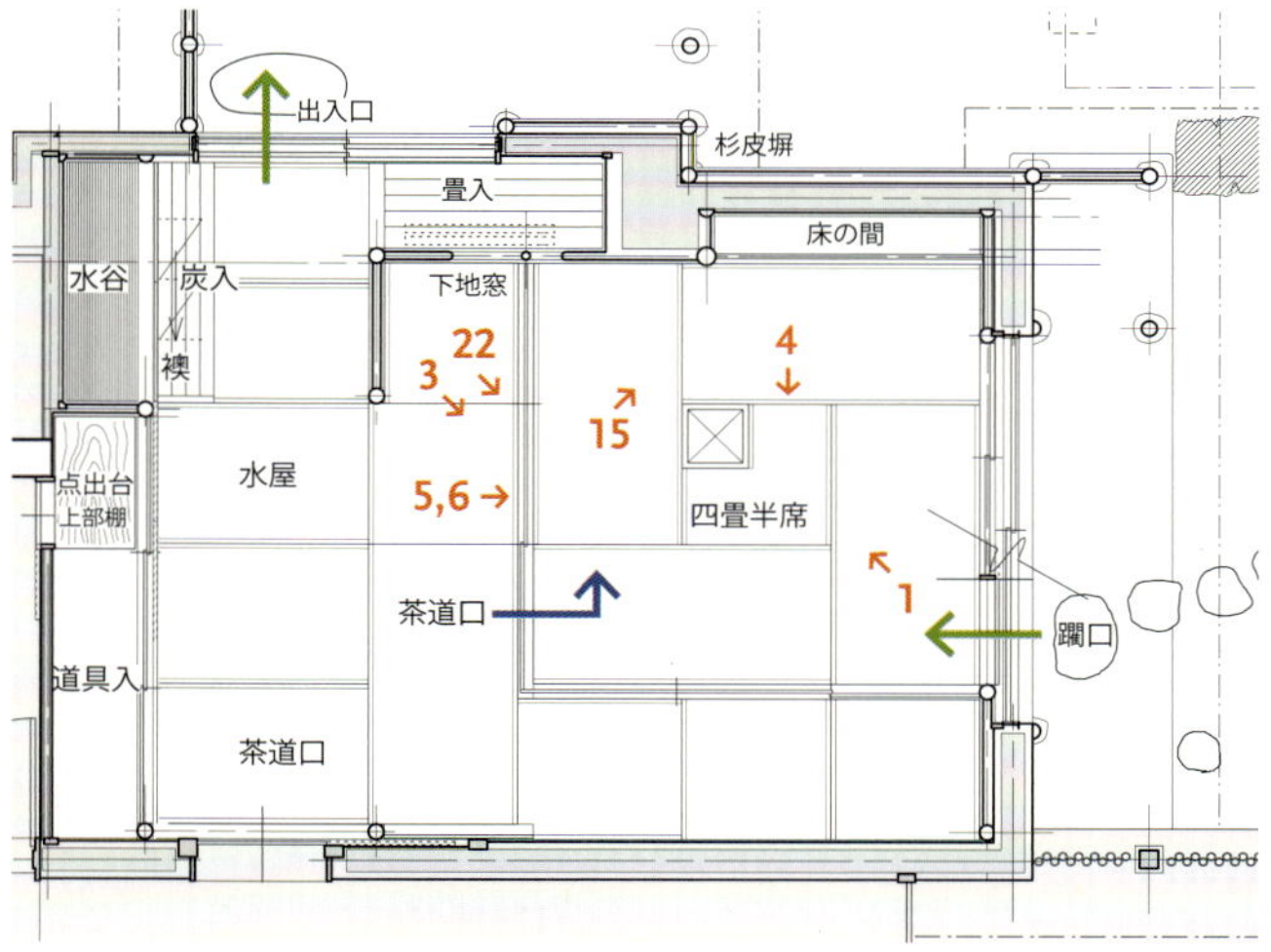

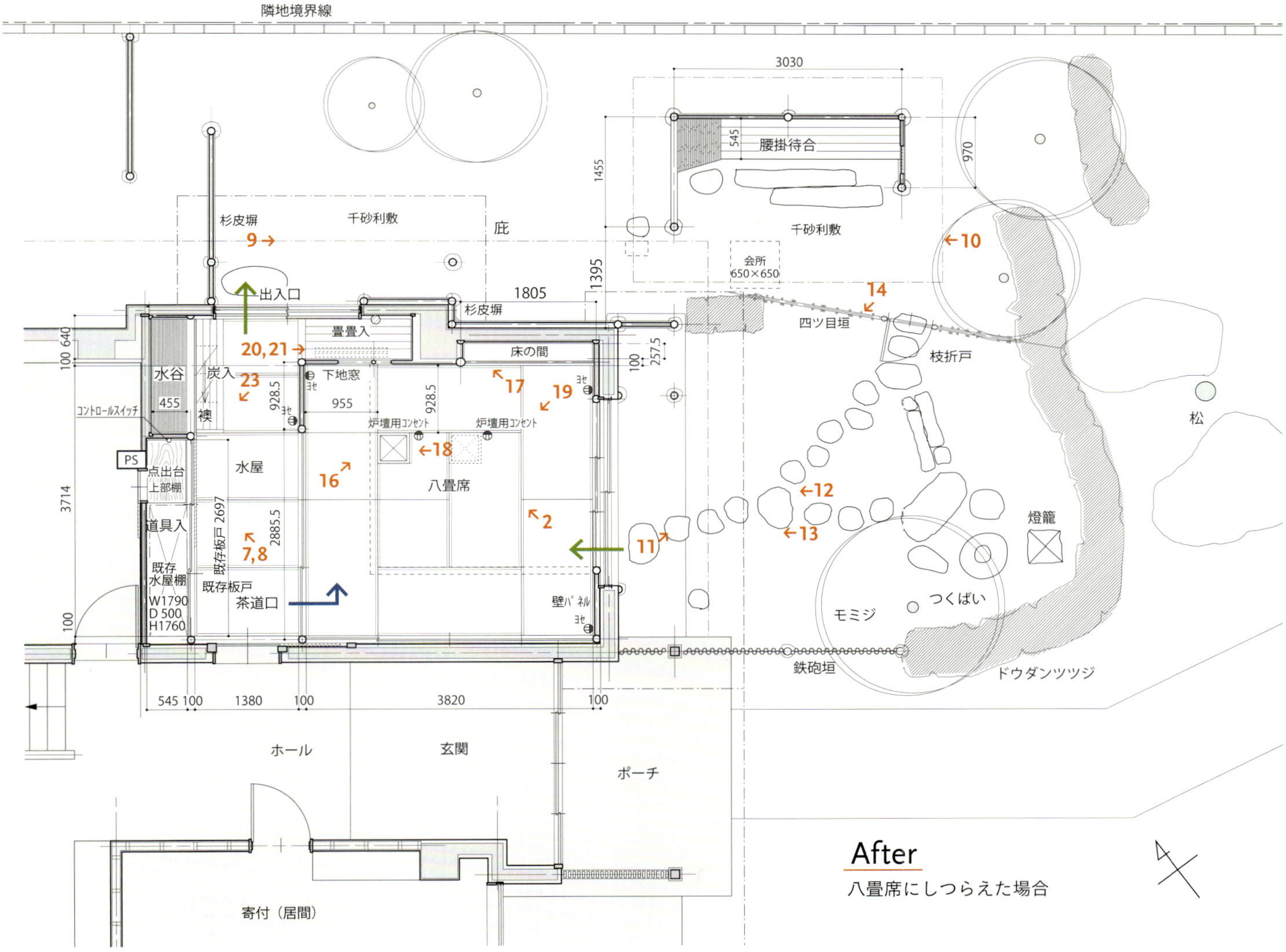

After
八畳席にしつらえた場合

吉田邸 DATA

所在と構造	岐阜県（木造戸建）
主な施工範囲	四畳半席（八畳広間席）＋水屋

主要部仕上表✚四畳半席（八畳広間席）

床の間	床柱／赤松皮付、床框／赤杉へっぺい、落掛／米杉、天井／赤杉鏡板張練付、畳敷
天井	黒部板目野根板棹縁天井（棹縁：北山杉下端皮付）
壁	土中塗　切返し仕上げ
その他	柱／北山杉丸太（面皮）、鴨居・方立／米杉

八畳広間席。一間分以上ある床の間の横に付書院が備わる

1

戸建・改装のくふう

M邸（大阪府）

拡張高い広間席に機能的な水屋、室内の手水処を備えた茶の湯空間

大阪府に居を構えるこちらのお宅は、築一〇〇年を超し、元々あった茶室と水屋も次第に使い勝手の悪い部分が気になり始めていたといいます。

「明るく清潔で、必要なものが過分無く備わった簡素な茶室にしたいと思っておりました。そんなときに、『わが家に茶室をつくるには。』を読み、連絡をしたらすぐ対応してくださいました。前に一度リフォームを入れたこともあるのですが、やはり茶室は特殊なので、一般の工務店さんからはできない・わからないといわれることが多く困った経験がありました。その点、やはり茶室建築のプロですから、いわずともわかっていらっしゃる。本当に安心して、細かいことまでご相談しました」と施主のMさんは話します。

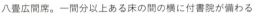

八畳広間席にて振る舞いの一服

2

3

付書院の障子奥には照明を設置、
間接的に席を照らす

飾り付け、道具組が映える広間席

改修が始まり、既存の八畳広間席を、使い勝手よく、またさまざまな飾り付けのくふうが生きるようなシンプルな空間に改装されていきました。

まず、「一幅でも二幅でも掛けられる懐の広い空間に」という希望に応えるべく、床の間は従来の一間床から七尺床に広げ、床柱《とこばしら》は北山杉並絞丸太に取り替えました（写真1）。広い床の脇には書院風に障子を設け、その奥には照明を仕込み間接的に照らすようにしています（写真1・3）。書院上部の壁止《かべどめ》には胡麻竹を使用。点前座には「将来を見越して」洞庫《どうこ》を設置、風炉先窓も備えました（写真9）。炉は本勝手切です。天井は「行」の平天井となっており、冷暖房の吹出口は、目立たないよう壁の廻り縁際に、赤杉中杢板の天井板をスリット状に切って開けられています（写真7）。更に、冬場の来客用に、客座の畳の下に床暖房を備えました。建物自体の耐震補強も行っています。

6

4

北山杉の床柱、赤杉の落掛《おとしがけ》、胡麻竹の壁止《かべどめ》

5

床の間の、隅柱の上部だけ塗り残して仕上げた「楊枝柱《ようじばしら》」

7

杉板張の平天井。照明は天井仕込み。
エアコン吹出口が壁際に（写真右下）

同様に使い勝手が悪くなっていたという既存の水屋は、思い切って茶道具入として使うようにし、新たに二畳ほどの水屋と、収納スペースを設けました。そして水谷棚の対面の窓際には、取り外し可能な棚板を二枚はめ込んでいます（写真12）。「多いときは週二回、茶事をすることもある」という亭主にとって、念願の大容量の道具置き場です。使わない時には棚を外し、水屋空間を書斎として使うことも可能です。

また、窓の外には電動シャッターを付けボタン一つで戸締まりができるようにし、水谷にはミネラルウォーターが出る浄水器を設置。美味しい水でお茶を出すことを可能にしました。さまざまな機能を備える、時代に適った現代的な水屋です。

八畳広間席、点前座からの景色。炉は本勝手切

点前座。風炉先窓に加え、洞庫も設置した

8

床の間の鏡天井。三幅対にも対応している

9

水屋への動線。左側の戸の先は茶道口。
客の出入りの際は閉じることで動線を完全に分けられる 11

浄水器が設置された水谷 10

12

水谷棚の向こう正面に設けた大容量の道具棚。棚板はすべて外すことも可能

縁側に設けた、室内から使える手水処《ちょうずどころ》

14

15

広縁の床も室内床板と同様に栗ナグリ仕上げとした。
使用時には、サッシの上に専用の木片を被せる

16

家の守り神、鬼瓦と施主手製の手水鉢が並ぶ手水処

住居スペースから茶室へと続く縁側に、もう一つ特筆すべき空間が。それは室内に設けられた露地空間です（写真13〜16）。「屋外に出て手水《ちょうず》を使うことはやはり相応の負担になります。少しでもそれを軽減できればと、屋内の使い勝手のよい場所に手水処《ちょうずどころ》を設けようと思い至りました」とMさん。その思いに応え、廊下と同じ栗ナグリ板を床材に用いて室内との一体感を出した縁側を造り、女竹を組んだ上に手水鉢を設置しました（鉢はガラス工芸作家である施主の自作品）。正面壁面には花入を掛ける釘を打ち、以前旧家の蔵で使用していたという鬼瓦が据えられました。

「自分の作品が手水鉢という形で使われ、またかつての家の守り神だった鬼瓦にもこんな形で再会できるとは、思ってもみませんでした。茶道具もそうですが、茶室も代々受け継ぎ、守ってきたもの。また守りがいのある場にしていただき、有り難い限りです。この茶室は、単なる自分の持ち物というわけではなく、次世代に受け継ぐべきものを、私が代表して預かっているんだ、という意識を持って、今後もこの場を守っていければと思っています」。

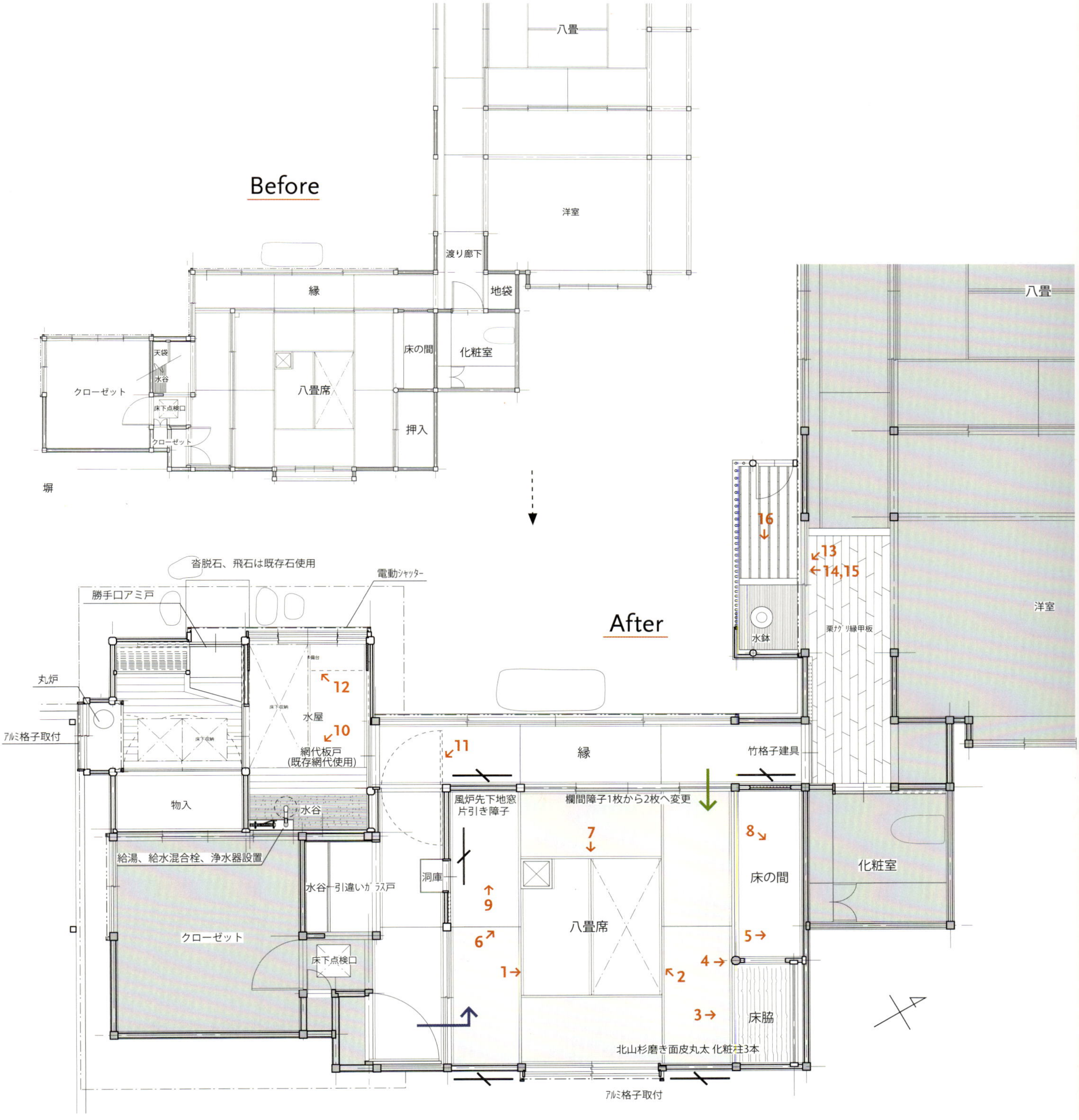

M邸 DATA

所在と構造	大阪府(木造戸建)
主な施工範囲	八畳広間席＋水屋(改修)

主要部仕上表✚八畳広間席

床の間	床柱／北山杉天然絞丸太、床框／北山杉丸太太鼓落とし(天端カシュー呂色塗)、落掛／赤杉、天井／赤杉鏡板練付、畳敷
天井	赤杉板中杢板棹縁天井(棹縁：北山杉下端皮付)、床脇／黒部野根板網代天井
壁	土中塗　切返し仕上げ
腰張	西の内紙
その他	柱／北山杉丸太(面皮)、鴨居／赤杉

学校内の茶室

二度の移築、そして被災を乗り越えて進化を続ける「育英の道場」

仙台育英学園「英松庵《えいしょうあん》」（宮城県多賀城市）

1

2

入り口、下足場。
一歩足を踏み入れると別世界が広がる

3

裏千家　鵬雲斎大宗匠揮毫《きごう》による扁額

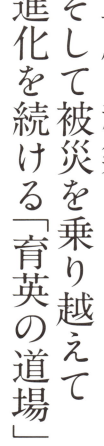

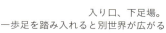

八畳広間席

仙台育英学園茶室「英松庵《えいしょうあん》」、八畳広間席

「五〇名の茶道部員、皆が不便なく稽古ができるように。できるだけ『本物』に触れる時間を長く持ってもらえるように。そんな思いでこの茶室の形、水屋の配置となったのだと思います」と、学校法人仙台育英学園の加藤雄彦理事長・校長は朗らかに話します。

4

教室が並ぶ廊下に結界を設けている(左の壁側の戸が入口)。
移設する前の露地にあった垣根〈建仁寺・四ッ目垣〉を腰壁に利用して、
茶室のアプローチとして風情を演出する

5

四畳鞘の間。両脇の襖を入れ、壁際の襖を開けると、水谷空間に様変わり

6

水谷棚は開閉式の襖で隠すことができる

教室二部屋ぶんを使用した、襖をすべて外すと二〇畳にもなる大空間、そこに襖を入れると、八畳広間席が二席出現します。そしてその二席のちょうど間に位置する四畳の「鞘の間」、その奥の壁際の襖は開閉式になっており、水屋として使用する際のために、襖を開けると幅一間の水谷棚が設けられています（71頁図面、写真5・6・8参照）。

「双方の席の水屋として効率良く使えるので大変動きやすく、毎年三〇名近い卒業生が茶事を行う『卒業茶事』の際も、その使い勝手のよさが発揮されます」と、長年同校茶道部の指導を務める佐藤宗秀氏（裏千家正教授）も太鼓判を押します。また、奥には当初よりの六畳の水屋がもう一つあり、更に二カ所の流し台と、広い点出台を備えた台所スペースと大容量の収納庫も隣接しているので、「大人数の懐石料理の準備をするにも十分すぎるほど。生徒たちもスピーディな対応ができると有り難がっています。学校なので一献《いっこん》振る舞うことだけは難しいですが（笑）」とのことです。

上：「震災時も被害は少なかった。運の強い茶室です」と話す加藤雄彦理事長・校長 7
下：英松庵、すべての襖を取り外した状態。手前から八畳広間、四畳鞘の間、そして奥の八畳広間と続く 8

9

上：八畳広間席（入口に近い方）。床柱には赤松皮付丸太を使用（大炉の席は寄付にも使用）
下：八畳広間席、客座からの視点。床脇は道具入で、大容量の収納となっている

10

11
通路の一角に設けられた事務室・講師控え室

12
通路の一角、室内に設けられた手水処。
白竹の濡縁で清浄な露地空間とする

被災ののち、移築を経て生まれ変わった

全校生徒数約三三〇〇人（二〇一六年現在）、高校野球をはじめとするスポーツ強豪校であり、高い進学率も誇る文武両道の東北私学の雄。一九〇五年の創立から一一〇年あまり、仙台育英学園高等学校は現在、仙台市宮城野区と多賀城市に二つのキャンパスを持ち、世界中に九七校の姉妹校を持つ、全国有数の伝統・名門校として知られています。

その多賀城校舎内に、この茶室「英松庵《えいしょうあん》」（裏千家　鵬雲斎大宗匠命名）があります。同茶室は当初、一九九七年に宮城野校舎内に建築され、二〇〇四年に多賀城校舎に移設されたのち、二〇一一年の東日本大震災で被害を受け、二〇一四年に同じ校内で場所を変え、再度移設されました。

同校は東北地方で唯一の「国際バカロレア」（国際的に通用する大学入学資格が取得可能になる制度）の認定校で、英語や他言語を集中的に学べる外国語コースを設けるなど、世界に進出する人材育成に力を注いでいます。「この茶室は、茶道部員以外にも、茶道をカリキュラムに取り入れている外国語コースの生徒たちの体験学習、そして海外からの留学生や訪問客に一服差し上げる際など、存分に活用しています」と加藤理事長・校長。校内の特別実習室の中でも最大規模のスペースが充てられた二つの広間席には、それぞれ炉が二つずつ切られ、また一方の席には大炉も切られています。

一間半分の間口を持つ水谷棚

13

14

水屋六畳からキッチンへと続く。開閉式の準備棚も設置

15

流しが二カ所、広い点出台を備えたキッチンスペース

16

収納庫。専用の道具棚も建築部の特注品。
畳入、障子戸入も設置

17

水屋にまとめられた照明スイッチ類

学園の来客用玄関口に設けられた土間席空間

広い玄関ホール内に、手水処、応接スペース、土間席空間が共存している

玄関ホールの一角に設けられた手水処

英松庵から少し離れた場所にある、同校の顔となる来客用の玄関口には、手水処《ちょうずどころ》に加え、訪問客を土間席でもてなすことができるスペースが設けられています。その床の間には、二〇一四年の茶室披《びら》きを記念し、坐忘斎家元が揮毫《きごう》した「至誠《しせい》」の額が掛かります。

『まごころ』を表すこの語は学園の建学精神の象徴であり、すべてを支える礎《いしずえ》。まさにこの語の実践である茶道の教えを育成の場に取り入れたことが、これまでどれだけの好影響をもたらしてくれたでしょうか。今後もまごころ込めて、この美しい茶室の維持に努めたいと思います。なかには卒業してから『高校の茶室がどれだけ恵まれていたか初めて分かった』と言う子もいるようです。嬉しい限りですね」と笑う加藤理事長・校長。青少年育成の道場という呼び名が、この場には相応しいかもしれません。

仙台育英学園「英松庵」DATA

所在　宮城県多賀城市（仙台育英学園多賀城校舎内）
主な施工範囲　八畳広間席＋八畳広間席＋水屋（移築改修）

主要部仕上表✦八畳広間席
床の間　床柱／赤松皮付、床框／漆塗、落掛／赤杉、天井／難燃ベニヤ杉中杢鏡板張、畳敷
天井　棹縁天井（化粧板：難燃ベニヤ杉中杢板、棹縁：赤杉）
壁　ジュラックス塗仕上げ
その他　柱／北山杉丸太　面皮付、鴨居・方立／赤杉

主要部仕上表✦八畳広間席
床の間　床柱／北山杉磨き丸太、落掛／赤杉、天井／難燃ベニヤ杉中杢鏡板張、畳敷
天井　棹縁天井（化粧板：難燃ベニヤ杉中杢板、棹縁：赤杉）、床脇天井／準不燃クロス
壁　ジュラックス塗仕上げ
腰張　西の内紙
その他　柱／北山杉丸太（面皮）、鴨居・方立／赤杉

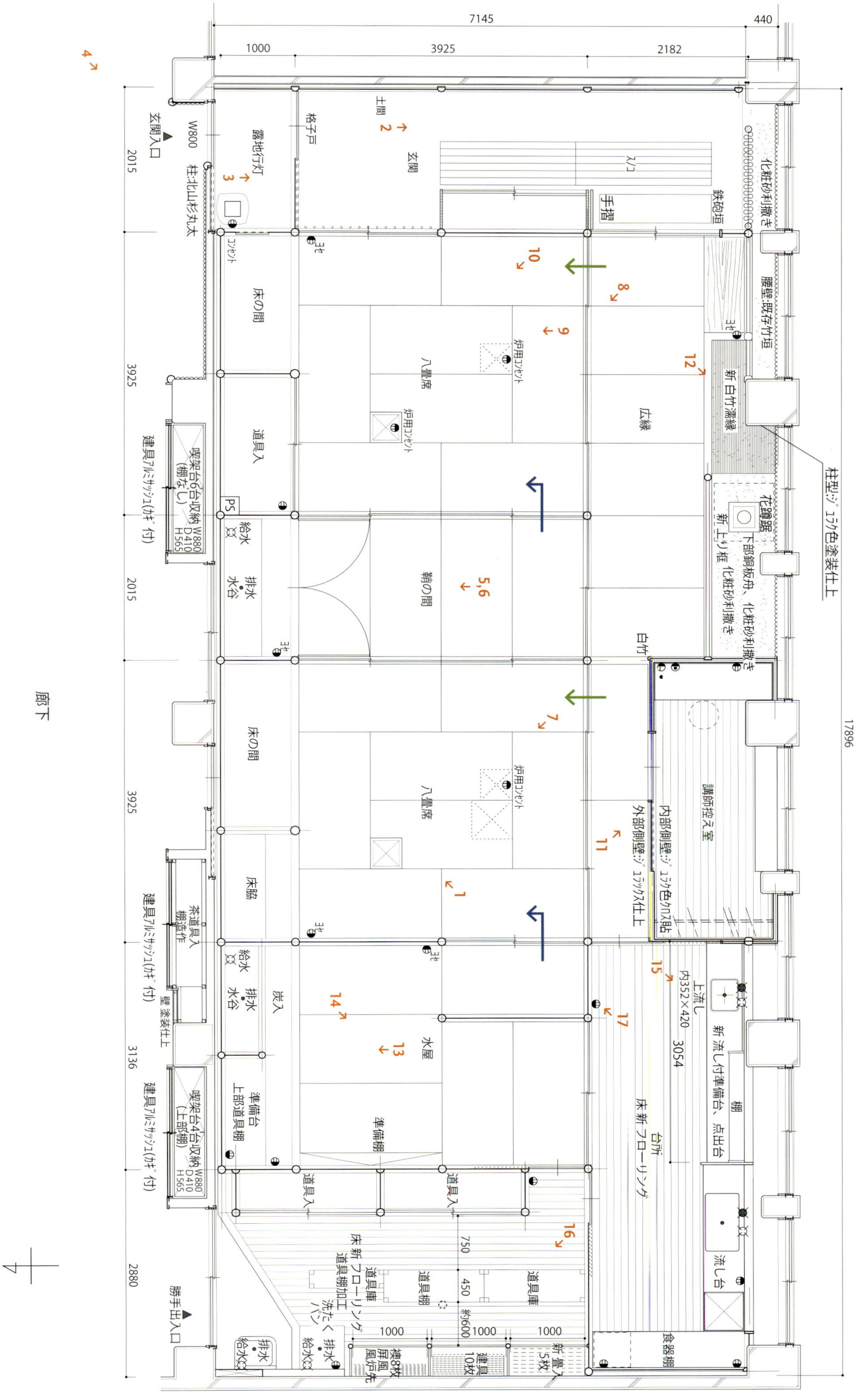

玄関入口
勝手出入口
廊下
露地行灯
格子戸
土間
玄関
手摺
鉄砲垣
床の間
道具入
八畳席
鞘の間
広縁
新白竹濡縁
花蹲踞
講師控え室
床脇
炭入
水屋
準備棚
準備台 上部道具棚
台所 床新フローリング
新流し付準備台、点出台
流し台
食器棚
道具庫
道具棚

颯々庵　広間席。点前座を客座正面から見る

1

2

颯々庵　入口。
淡々斎揮毫による扁額が掛かる。
奥が寄付となる

移設した
近代茶室

京都造形芸術大学「颯々庵《さつさつあん》」（京都市左京区）

移築により
新たな命が与えられた
モダンな数寄屋の茶室

一八歳から八五歳まで、国内のみならず世界中から集まった学生数は通信教育を含め一万名以上（二〇一六年現在）。日本最大規模の芸術大学である京都造形芸術大学の瓜生山《うりゆうやま》キャンパス内に、裏千家一四代淡々斎の設計指導になる茶室「颯々庵《さつさつあん》」があります。

瓜生山は左京区北白川の北東にある標高二七六メートルの山で、応仁の乱後、将軍足利義晴が籠もった場といわれます。茶室は一九六〇年、旧三和銀行京都支店のビル内に仙アートスタヂオの設計施工によりつくられ、賓客の接待、社員の稽古場として使われていたとのことです。ビル建て替えにともない二〇〇五年に解体されることとなり、大学への移築が決まりました。そのため新たにこの瓜生山山中に建てられた「千秋堂」の一階に、ほぼ原形どおりに復元できる場をつくり、組み込むことで移築されるはこびとなりました。現在は同校の伝統文化演習や建築の実習の場として活用されています。

颯々庵　全景。一二畳半と七畳半の空間。障子の桟の間隔は広い　3

障子を開け放つと一面の緑が。吹きさらしでなく、大磨ガラスに囲まれている　4

四畳の寄付 5

7

欄間に使われている栗のナグリ

6

屋外の露地

茶室の外側、建物との間の露地。
写真奥の蹲踞を用い、ここから客が席入りする

「本物」だけが醸し出せる緊張感

颯々庵の延床面積は約八〇平方メートル。床《とこ》を備えた四畳の寄付《よりつき》（袴付《はかまつき》）を経て中に入ると、凛とした緊張感が全体を覆います。その奥の障子を開けるとそこは内露地（写真8）。移築前はビルの一部の土間でしたが、現在は一面ガラス張りの向こうに山の木々が見え、まるで外部空間のようになっています。

露地を通ってすぐの障子を開けると、七畳半の壁床の席です。露地を突き当たりまで進んで縁側を上がると、一二畳半の茶席へと席入りします。いずれも四畳半本勝手切になるように畳が敷かれ、二席の間の襖を外すと、二〇畳の大空間となります（79頁図面参照）。

8

点前座より。天井は棹縁天井、網代天井、蒲天井と真行草に使い分けている

点前座からの全景。材と確かな造作の織りなす美しい景色　**10**

近代数寄屋らしい洒落た造りの茶室で、栗のナグリ（材の輪郭面をチョウナやノミで加工する伝統工法）を用いた欄間や、旧三和銀行の会社ロゴを模したとされる照明器具など、随所に施主・施工者の材を選ぶ確かな目とその造作技術の高さが見受けられます。また、障子の桟の間隔が、通常の茶室より広めに取ってあることにお気づきでしょうか（写真3）。これは緊張の中にもゆったりした趣をもたせるための障子デザインの一つです。

◆

京都造形芸大には、京都という地の利を存分に生かし、文化遺産の継承と活用のための方法論に加え、文化財保存修復の実技も教える歴史遺産学科が設けられています。その学科に通う学生には、「茶室の掃除・維持管理を必須授業と課しています。いまの学生は、木造建築の掃除をしたことがない子も多いので、本当に一から、はたきの使い方からの勉強です。掃除の後には実際にお茶を点て作法も学びます」と、同学科教授で、建築史家として颯々庵移築の監修を務めた中村利則氏は話します。

「ここは、近代日本の伝統技術の結晶ともいうべき建築空間を間近で感じることのできる、まさに格好の『生きた教材』です」と中村教授。障子を開け放てば目に飛び込むのは一面の緑ばかり、静寂に包まれたこの恵まれた環境のもと、伝統の継承を担う次世代の学生たちの感性が日々磨かれています。

恵まれた環境もこの茶室ならではの「ご馳走」

11

13

木組の美しい照明も移築前から使用されていたもの

14

「千秋堂」(茶室のある建物)の玄関ホールに
設けられた飾り棚

12

床の床畳。
半間分の奥行きに加え、地板が入れられ深い懐をもつ

15

一間の幅をもつ水谷。炭入、丸炉も設置されている

17

内露地。身を清めた客人は戸をくぐって奥の茶室に進む

16

延石を連続させた外露地

京都造形芸術大学「颯々庵」DATA

所在	京都市左京区北白川瓜生山(伝統芸術館内)
主な施工範囲	七畳半席＋十二畳半席＋水屋＋寄付(移設改修)
主要部仕上表✤七畳半席	
天井	杉中杢板棹縁天井(棹縁：赤杉)、黒部枌板網代天井
壁	聚楽土上塗仕上げ
その他	柱／既存(北山杉丸太ほか)、鴨居・方立／赤杉
主要部仕上表✤十二畳半席	
床の間	床柱／北山杉丸太　面皮、落掛／赤杉、天井／鳥の子紙貼、畳敷
天井	杉中杢練付板棹縁天井(棹縁：赤杉)、黒部枌板網代天井、落天井／蒲葉黒糸編み(竿：女竹)
壁	聚楽土塗仕上げ
腰張	西の内紙
その他	柱／既存(北山杉丸太ほか)、鴨居・方立／赤杉

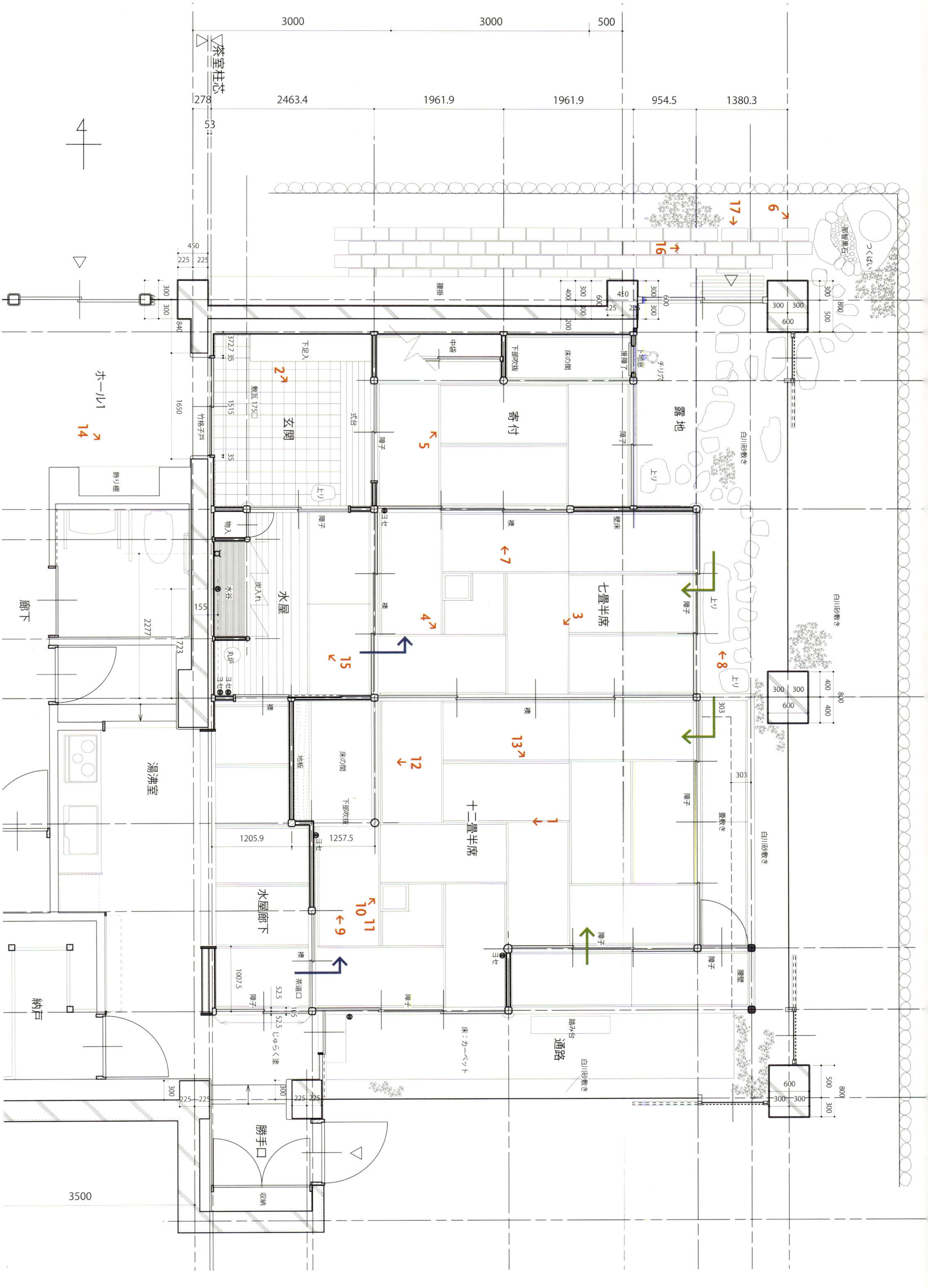
茶室柱芯
3000
3000
500
278
2463.4
1961.9
1961.9
954.5
1380.3
ホール1
玄関
寄付
露地
水屋
七畳半席
十二畳半席
湯沸室
廊下
水屋廊下
納戸
通路
勝手口
つくばい
3500

1

3

座敷机を並べお茶一服を点て出す
応接の空間として使う場合

2

青蓮院　東伏見慈晃門主の揮毫《きごう》による扁額「雅遷庵」

「おもしろおかしく」の心をもって。ものづくりの拠点に設けたもてなしの場

堀場製作所「雅《が》遷《せん》庵《あん》」（滋賀県大津市）

一二畳広間席。写真手前側の四畳を屏風で仕切り八畳広間として使用することも

床の間に掛けられた「おもしろおかしく」の軸。この言葉から、とある世界的企業とその創業者を思い出す人も少なくないのではないでしょうか。

この言葉を社是に掲げるのは、現在自動車のエンジン排ガス測定装置ほかで世界シェアの多数を占める、京都に本社をもつ計測機器メーカーの堀場製作所です。その開発・生産の拠点として、平成二八年に本格稼働を始めたのが同社新工場「HORIBA　BIWAKO　E—HARBOR」。琵琶湖西岸の滋賀県大津市苗鹿にあり、湖を一望できるその施設内の最上階奥に、茶室「雅《が》遷《せん》庵《あん》」があります。

応接の間を兼ねた八畳広間席

この茶室の最たる特徴は、応接の場を兼ねている点。通常時は一二畳の部屋に呂色塗のテーブルと座椅子がセットされています。テーブル下はいわゆる「掘りごたつ」の状態になっていますが、茶室にする際には床板を入れて開口をふさぎ（写真6）、炉畳を敷き、八畳席になるよう畳を敷き替えます。入れ替えた畳や座敷机は、茶室の脇にある収納庫へ。部屋の下手《しもて》側、余った四畳の空間を屏風で仕切って寄付や水屋空間として利用することも可能です。

八畳広間席は、本炉壇・電熱式どちらにも対応。八尺の間口をもつ床の間と、付書院《つけしょいん》を

4

5

上：応接間仕様の広間席。下：畳を入れ替えたところ。杉板張の棹縁天井の両端には冷暖房の吹出口を設けた

6

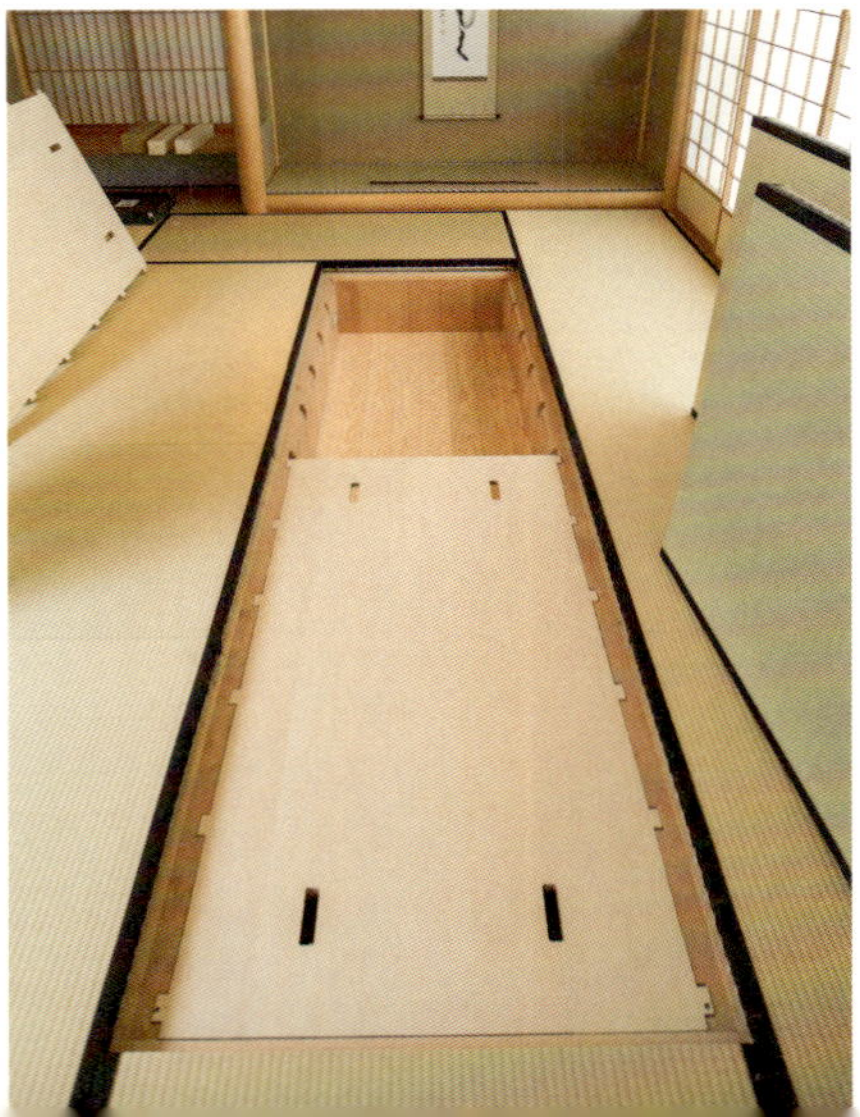

「掘りごたつ」の床下。
ここに専用板をはめ、畳を敷き換え茶室仕様とする

水屋空間。水谷棚と隣接する流しと点茶台、そして開閉可能な棚を設置　**8**

水谷棚。横幅は半畳分。檜錆丸太の柱が風情を醸し出す　**7**

もつ茶室となっています。茶室は持ちたいものの、茶の湯空間としての利用だけでなく、客を迎える場として幅広く活用したいと考える人にも参考になる事例ではないでしょうか。

◆

水屋空間は、限られたスペースに合わせ半畳の水谷棚を設置し、すぐ脇に流し台、そして開閉可能で便利な棚を二カ所・二段ずつ設置しています。また、水屋と全体の出入口をつなぐ通路には可動式の襖を設置し、客が出入りする際には、閉じて亭主側と客側の動線を隔てることができるようにしています（写真10）。

この茶室の壁面には、各所に下地窓が設置され、茶室と出入口の上部、欄間《らんま》を設置する場所に大きな開口部が設けられています（写真11・12）。これは大規模建築物内に茶室を設ける際に法規上必須となってくる、排煙のための「煙の通り道」。それを下地窓風にし、藤蔓、葦を使用することで、天井の不燃材（赤杉棟付）の持つ堅い雰囲気、風情を少しでもやわらげることができれば、との考えです。

◆

海外からの来客をもてなす際などに頻繁に使われているというこの茶室。「人生の最もよい時の大半を占める仕事の時間をより充実させる」との意味を込めて付けられたという社是のとおり、訪れた人に豊かな人生のひとときを過ごしてほしい、という思いがここに息づいています。世界に誇るニッポン企業、そのものづくりの心臓部に設けられた憩いの場です。

水屋と出入り口をつなぐ動線上に配置した、角度調整可能な襖 **10**

亭主側の動線を茶室から見る。水屋に入ってすぐ左手側にも開閉可能な棚を設置した **9**

12

欄間の位置に設けた排煙用の開口。火災報知器、非常灯も設置

11

ビル開口部につながる窓側に設けた排煙用の下地窓。
奥に見えるのは地震対策の筋交い

堀場製作所「雅遷庵」DATA

所在　滋賀県大津市(HORIBA BIWAKO E−HARBOR内)
主な施工範囲　十二畳大広間席＋水屋(新築)

主要部仕上表✤広間席
床の間　床柱／北山杉並絞丸太、床框／北山杉丸太太鼓落とし(天端カシュー呂色塗)、落掛／赤杉、天井／不燃化粧板杉練付鏡板張、畳敷
天井　棹縁天井(化粧板：不燃化粧板杉中杢練付、棹縁：北山杉下端皮付)、床脇／不燃化粧板杉柾目練付　小巾板張り
壁　切返し薄塗仕上げ
その他　柱／北山杉丸太(面皮)、鴨居・方立／赤杉

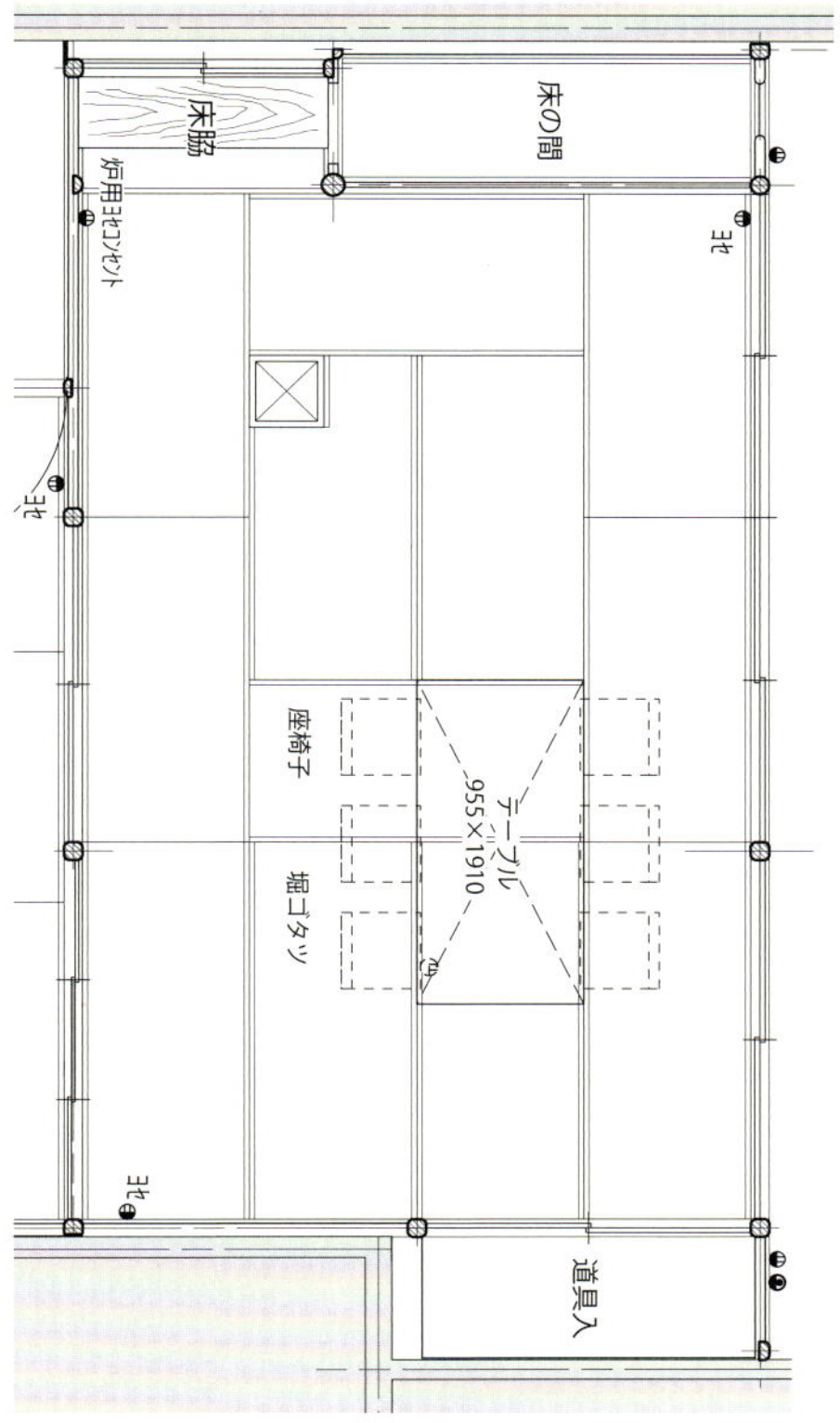

テーブルを1台使用した場合

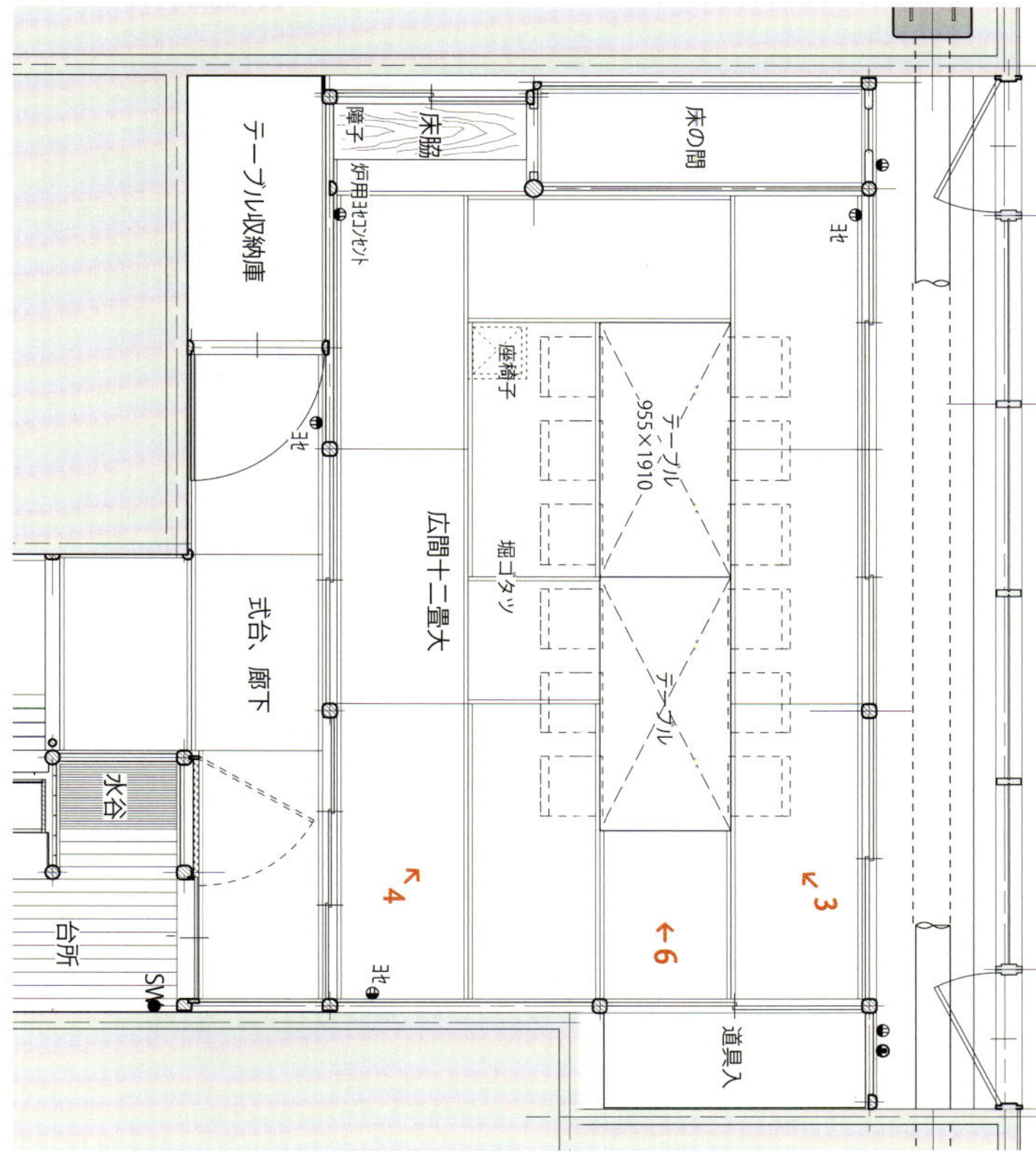

テーブルを2台使用した場合

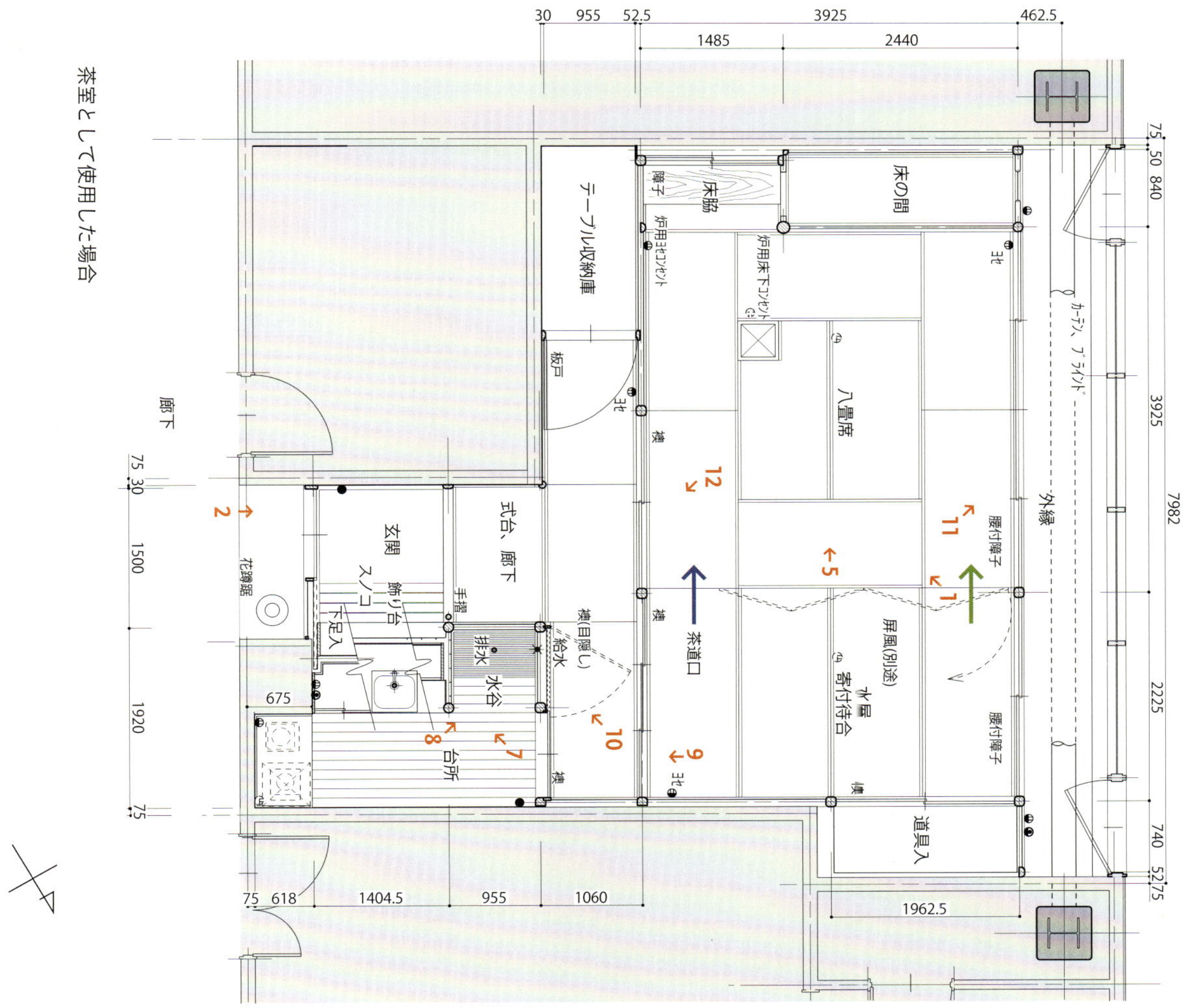

茶室として使用した場合

上：二畳席、茶道口より。炉は本勝手切と本勝手向切の二カ所の位置に切られている。幅を狭くした客座畳は特注品 1
下：ホテル通路の一角を締める茶室「栄寿庵」。せり上がった床が舞台のような視覚効果を生む 2

宿泊施設内の茶室

旅行客の目を愉しませる憩いの二畳席

ハトヤ瑞鳳閣「栄寿庵《えいじゅあん》」（京都市下京区）

一九五〇年の創業以来六〇余年、二〇一四年には天然温泉大浴場を設けるなどの大規模建て替えをはたしたハトヤ瑞鳳閣。「ミシュランガイド 京都・大阪2017」の京都ホテル部門において三つ星を獲得するなど、国内外問わず多くの観光客を集めています。

その二階ロビーホールの一角に、建て替え前にあった茶室「栄寿庵」（裏千家 鵬雲斎大宗匠命名）が移設されました。およそ四メートル四方の中に収まる、二畳席と水屋スペースを備えた茶の湯空間です。多くの海外からの観光客、また日本人にも、本来の和の空間を味わってもらいたい、という思いがこの場に込められています。

土間席と小間席を併せ持つ茶の湯空間

炉を切るために床《ゆか》が上げられ、通りかかった際、少し身を乗り出して室内を観賞できるような作りになっています。また、段差の近くに椅子を並べて客が座る、「土間席」のような使い方にも対応。炉は本勝手切、本勝手向切の二カ所の位置に切ってあります。

小間席の中柱《なかばしら》は既存の茶室に造作されていた百日紅《さるすべり》で、二重の釣棚を設けています。点前座の先には、亭主の手元を照らす窓として風炉先窓が設置されています。

二畳のうち、客側の畳は幅が狭く、限られたスペースに対応しています。床の間は壁床《かべどこ》とし、軸釘と無双釘が打ってあります。

ホテル内の茶室ということで、防災装置、スプリンクラー、非常灯など防災設備を天井に配置し、不燃材の和紙で柔らかい雰囲気が醸し出せるように仕上げています。

水屋は、角地の場を有効に活用。給水設備がない場所でも使える置き水屋（写真3）を設置しています。また、頭上にもひとくふうが。電気配線やスプリンクラー設備の配管は、雰囲気を損なわないよう柱の中を通しています（写真9）。ビル内、そして限られた空間という条件のなかつくられた物件のモデルケースとなりうる、見どころ満載の茶室です。

3

どこでも使える簡易式水谷を設置。
ポリタンク、排水受けのバケツ、
白竹簀の子の流しが
給排水の悩みを解消

4

水屋全景、
使いやすく収納豊富な台を設置

5

二畳席、点前座。壁床《かべどこ》には軸釘と無双釘が

6

側面（点前座の風炉先窓の裏側）に手水鉢を設置

壁床《かべどこ》、中柱《なかばしら》、釣棚が「草」の小間席らしさを際立たせる　7

10

スペース、法規など
諸条件を満たしたビル内茶室全景

9

スプリンクラーの給水管と電気配線を
頭ツナギの中に埋め込み、埋木で化粧し隠している

8

天井は不燃和紙貼り。
スプリンクラー、非常灯など必要設備を設置

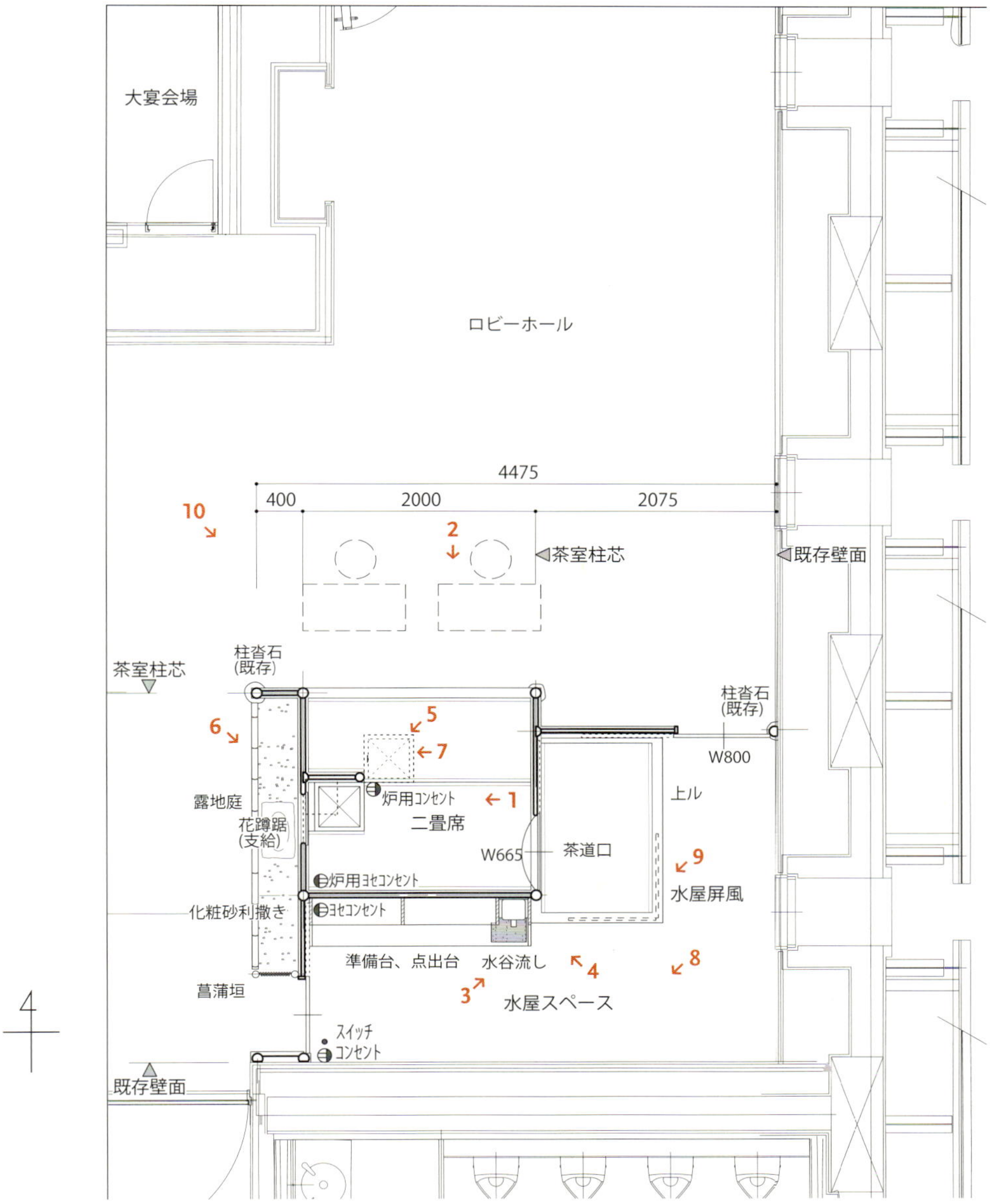

京湯元 ハトヤ瑞鳳閣「栄寿庵」DATA

所在 京都市下京区(京湯元 ハトヤ瑞鳳閣内)
主な施工範囲 二畳席＋水屋スペース＋露地庭(新築)

主要部仕上表✚二畳席
天井 不燃和紙貼
壁 準不燃聚楽土色ビニールクロス貼
その他 中柱／支給(百日紅) 二重釣棚設置

上：和隆庵　四畳半台目席。炉は四畳半本勝手切 1

下：障子を開けたところ。この障子を外部バルコニー側に動かすと、二畳ぶん拡張し七畳の広間席と様変わりする 2

ビル内の茶室

京都の食文化を支える拠点に建つ広間にも小間にもなる茶室

京都《きょうと》青果《せいか》センター「和隆庵《わりゅうあん》」（京都市下京区）

　一九二七年、日本で最初に開設された中央卸売市場をご存じでしょうか？　正解は「京朱雀市場」の愛称で知られる京都市中央卸売市場第一市場です。京都市下京区にあり、京都市民の台所として開設時から変わらぬ賑わいを見せる同市場の敷地内に、一九四八年の創業から同地で営業を続ける京都青果合同株式会社（以下、京果）が二〇一二年に建設した、京野菜など地元産の青果物の加工・配送施設である京都青果センターがあります。

　同センターは、徹底した衛生管理と効率良い加工・配送を実現する施設を備え、京都の食文化を普及・啓発するミュージアムなども併設する七階建のビルで、その六階に茶室「和隆庵《わりゅうあん》」（裏千家　坐忘斎家元命名）があります。国内外からのお客様をもてなす場として、二〇一三年に茶席披《びら》きが行われました。

◆

　茶室は六階ホールの一角にあり、ホールから茶室全体が見えるよう、障子・襖で開放できるよう造作しています。閉め切った際には約二〇平米の土間席と四畳半台目席、各々二つの茶の湯空間となります。

　四畳半台目席の奥のバルコニーを内露地に見立て、旧京果別館の庭から移設した蹲踞《つくばい》を据え、躙口《にじりぐち》への道行には飛石《とびいし》を配し、露地の雰囲気を感じられるよう作庭しています（写真7）。茶席の外壁面には躙口、連子窓《れんじまど》、そして軒下のあしらいを施すなど、茶室らしい表情を演出しています（写真5）。

　そして、屋内ならではの大きな制約、建築基準法と消防法に対応すべく、排煙のために設置が必須となる大きな開口部は下地窓風としました（写真9）。また、天井も内装制限があるため、難燃処理をした竹を網状に編み設置することで、照明器具の硬い雰囲気を和らげ、風情を損なわないようくふうしています（写真8）。

4

坐忘斎家元の揮毫による扁額

3

和隆庵全景（写真右側）。通路を挟んで反対側は宴会場が連なる

躙口からの景色　**6**

通路側に設けた「茶室の顔」。外部バルコニーの露地空間から躙口へと動線が続く　**5**

8

難燃処理をした竹を網んだ茶室天井

9

法規上必要だった壁面の開口部を下地窓風に処理。
短い庇を付け軒下らしさも演出

7

バルコニーの内露地空間

四畳半台目席、茶道口より。
土間席と間の襖を開け放つと一室となり多目的に使用でき、畳に座したり、腰掛けたり、大勢の方へのお茶のもてなしができるようになっている **10**

11

襖を閉めた状態

小間と広間、双方に対応するくふうが随所に

茶室空間は土間席と四畳半台目席、そして水屋空間からなります。土間席の床《ゆか》は檜の角材を五センチ厚に木口《こぐち》切りし、レンガ状に敷き詰めています。木の持つやわらかな表情が感じられる仕上げです（写真15）。

土間席と連続する、小上がり状の四畳半台目席の炉は本勝手切で、亭主側の障子敷居は可動式となっており、外部バルコニー側にずらすと二畳ぶん広くなり、七畳の広間席として使うこともできるようになっています。その際に客座の紺色の湊紙《みなとがみ》（二段貼り）の腰張《こしばり》を、広間の白色の西の内紙《にしのうちがみ》（一段貼り）に入れ替えられるよう、取り外し可能なパネル状にして設置しています（写真17）。

上：土間席、襖を閉めた状態
下：土間席、襖を開け放ったところ

15
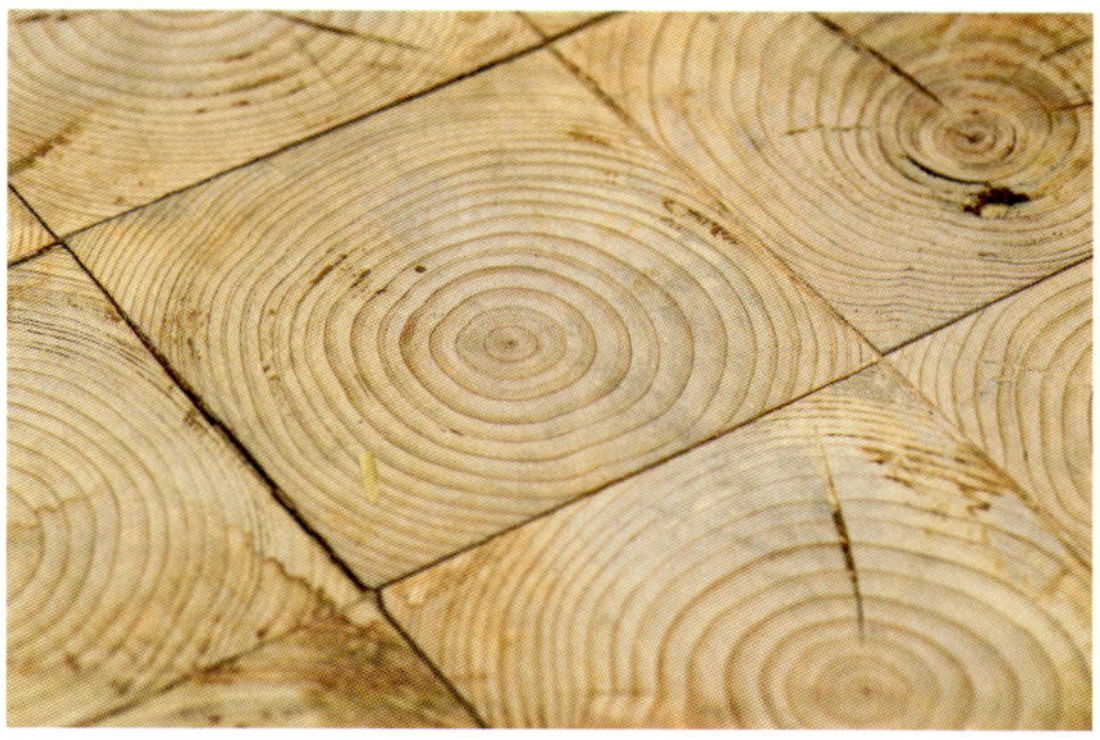
土間席の床は檜の木口切レンガ張

14
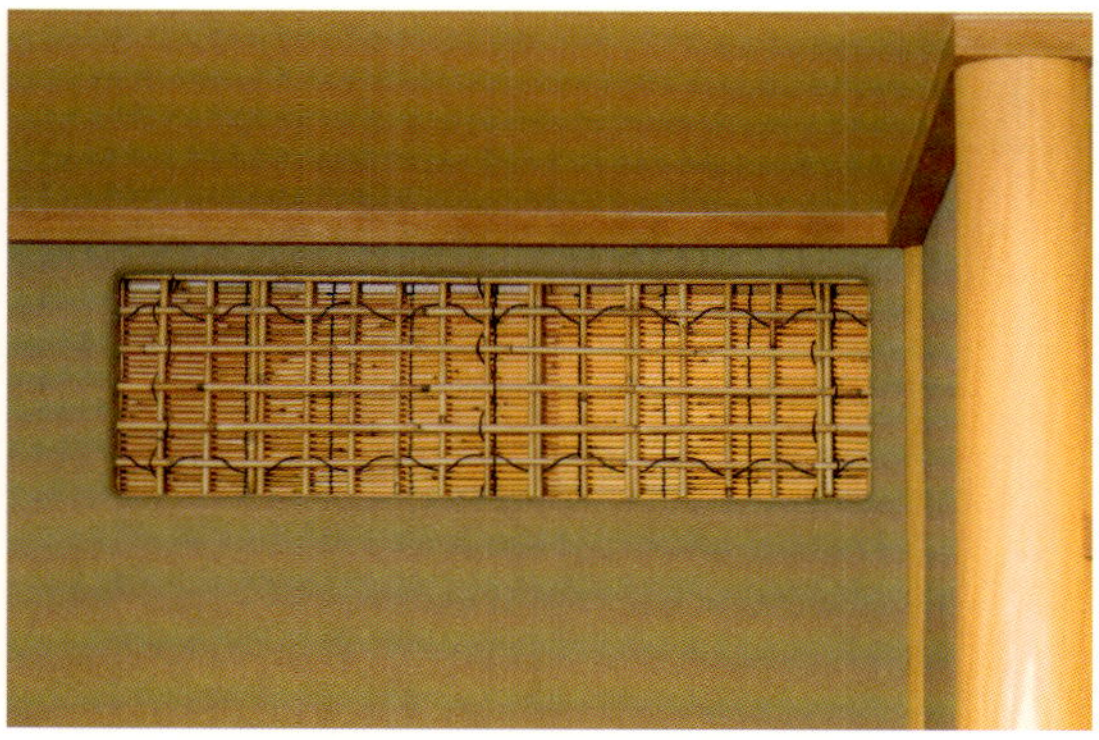
土間席点前座の上部に設けられた排煙の開口部も下地窓に

茶道部の稽古のようす

上：平成27年、同社会長ら役員を招いた初釜茶会
下：平成28年6月、社員を招いた水無月茶会
（写真提供：京都青果合同株式会社）

「小間と広間、双方の場に対応する、おもてなしの空間として使用しています。また稽古場としても存分に使え、日々のよい励みとなっています」と、部員七名が在籍する同社茶道部の指導者は話します。月三回の稽古に加え、初釜や炉開きなどの節目には役員を招き一服振る舞ったり、新入社員研修で茶道体験の機会を設けたりするなど、多くの機会で茶室を活用しているとのことです(写真左)。

京都の食文化を支える拠点にあるこの茶室は、食だけでなく、伝統文化への高い意識をもつことを表す施設として、消費者に安心と信頼感を与える一役を今後も担っていくのでしょう。

約9平米ある水屋空間

16

18

水屋棚の隣は道具入で、大容量の収納となっている

17

腰張風のパネル。
その端には取っ手があり容易に取り外しが可能

19

土間席、天井脇の格子状の部分は冷暖房の吹出口。
聚楽土塗仕上げの土壁には風情ある「錆び」が見受けられる

京都青果センター「和隆庵」DATA

所在	京都市下京区(京都市中央卸売市場第一市場内)
主な施工範囲	四畳半台目席(七畳広間席)＋土間席＋水屋

主要部仕上表✚四畳半台目席

床の間	床柱／赤松皮付、床框／杉へっぺい、落掛／米杉、天井／不燃化粧板杉板目練付板張、畳敷
天井	竹編張天井、一部掛込天井(垂木：北山杉小丸太、不燃化粧板杉柾目練付、押さえ竹：胡麻竹)
壁	土中塗仕上げ(一部土中塗切返し仕上げ)
腰張	西の内紙、湊紙
その他	柱／北山杉丸太(面皮)、鴨居・方立／米杉

主要部仕上表✚土間席

床の間	床柱／北山杉丸太、天井／不燃化粧板杉板目練付板張、畳敷、天板／カシュー呂色塗
天井	不燃和紙貼
壁	土中塗切返し仕上げ
その他	柱／北山杉丸太(面皮)、鴨居・方立／米杉　床／檜木口レンガ張

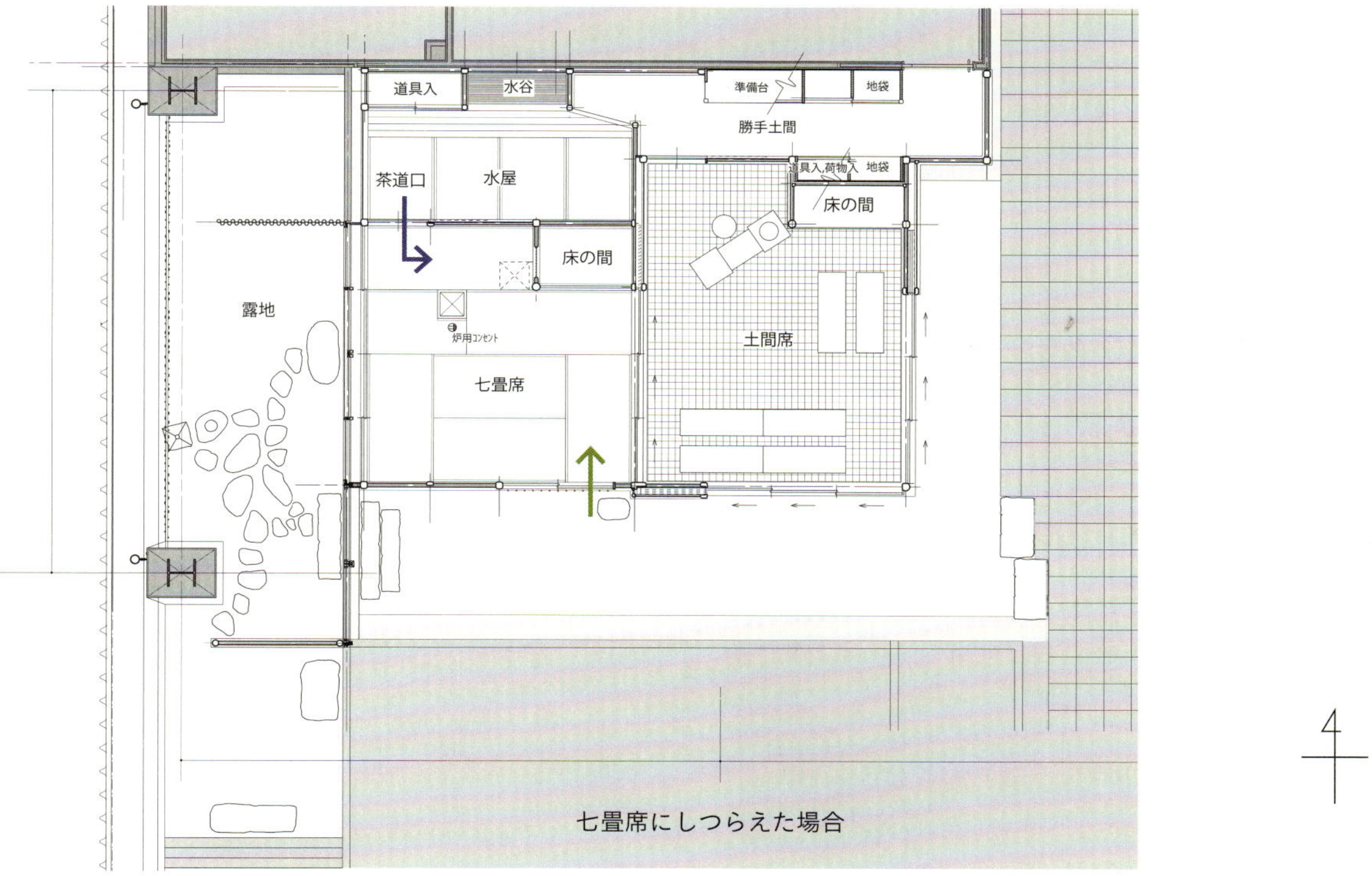

七畳席にしつらえた場合

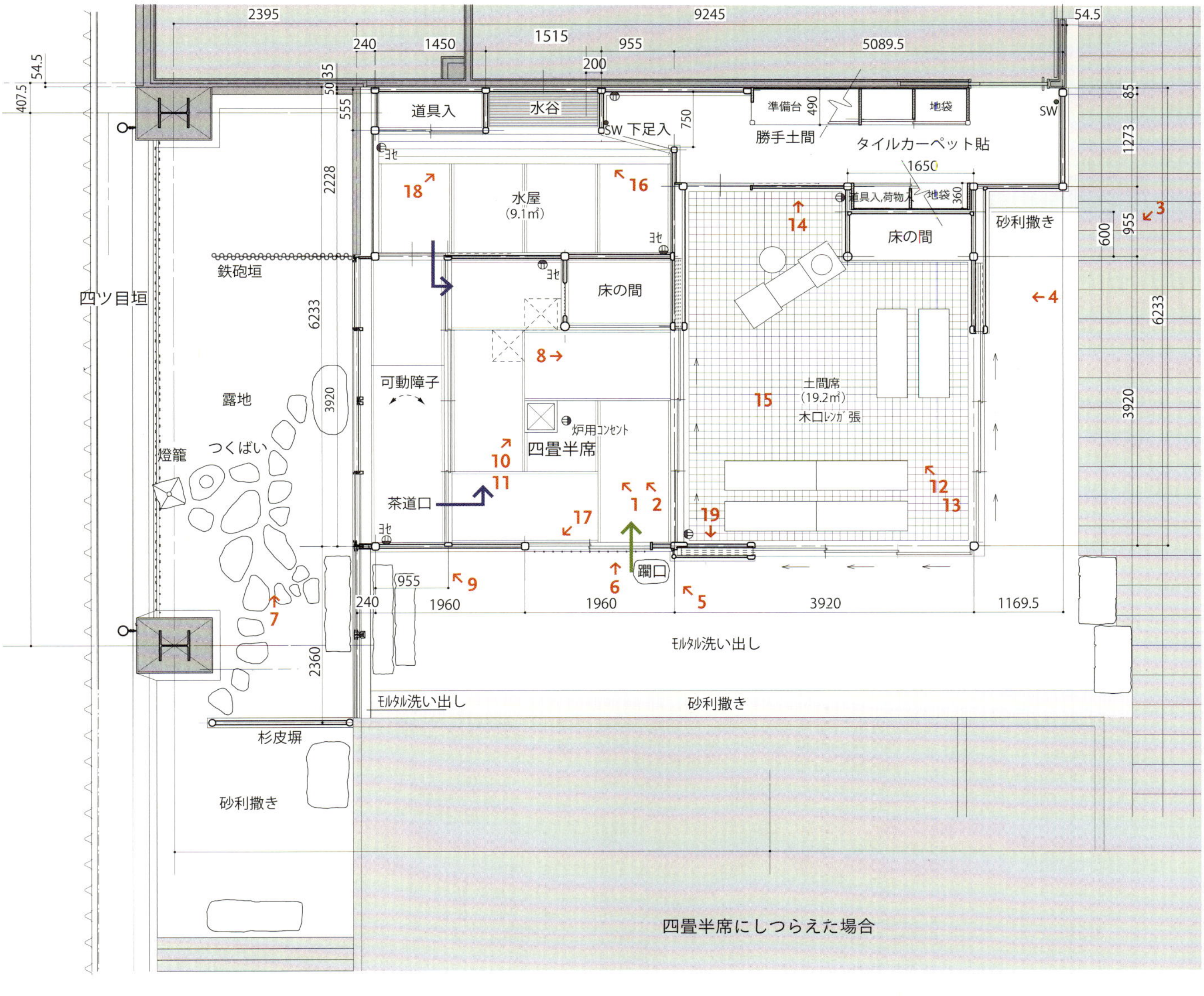

四畳半席にしつらえた場合

もてなしの心を具現化する和菓子店に設けられた本格茶室

茜庵《あかねあん》（徳島県徳島市）

徳島中央公園の向かいに位置する茜庵

徳島市の中心市街地に位置しながら、緑多い静かな環境。かつての徳島藩主の居城跡が遺る城山の麓に、和菓子の製造・販売業を営む菓游《かゆう》 茜庵《あかねあん》は店を構えます。

その独特の経営手法から「和菓子界のソニー」と呼ばれた叶匠壽庵《かのうしょうじゅあん》（本店・大津市）創業者・芝田清次氏の元で修業を積み、そこで茶道の教えに触れ「人生が変わった」と話す庵主の西川佳男さん。「独立する際、環境のよさと賑わいを兼ね備えたこの地に、苗木を植え一から育てるように店も育ててゆきたい、そんな思いでのれんをかけました。当時は外観から、和菓子店とわかってもらえないこともしばしば（笑）。ゼロからのスタートでした」と話します。

納屋嘉治・淡交社前会長の揮毫による扁額

1980年築、経年により更に味わいを増した店舗入り口

1

店舗受付。網代天井が茶味を感じさせる

2

夜明け頃の空の色を差す「茜」の語を用い、目標に向かってまい進するという意味が込められた庵号の扁額が掛かる数寄屋造の建物は、店の創業年と同じ一九八〇年の築。「贈答・挨拶を欠かさない日本文化に根付き営む和菓子店として、その繊細な美意識を大切に扱うことができる格調高い空間がほしい、かといって窮屈すぎない、茶の心を持って一人ひとりのお客様を大切にもてなせる場を持ちたいとの思いを込めて建築をしました」とのことです。

4

3

上左：枝折戸の先に広がる内露地　上右：外露地空間に設けられた、腰掛待合を兼ねた休憩処　下左：蹲踞　下右：内露地、飛石と延段

6

5

広い軒下空間を作り出す土庇。へぎ板を檜錆小丸太の垂木《たるき》や胡麻竹で押さえた、いわゆる「庚申張《こうしんばり》化粧軒裏」と呼ばれる仕上げ　7

建物の細部に「お茶の心」が宿る

平屋建の中に、和菓子製造の作業場と店舗スペース、事務室が併設されていますが、その中で最も多くを占めるのは八畳広間席と立礼席の茶室空間。「お茶の心を中心に据えた店に」という主の思いが表れています。

店舗スペースから庭先に出ると、そこは高木のケヤキを中心に、イロハモミジ・カシなどの木々が共存する外露地空間。季節の移ろいを感じられる休憩処となっています（写真3）。

更に奥へと進み枝折戸《しおりど》を開け内露地へ。築三〇年以上を経て味わいを増す土庇《どびさし》は、畳一間の丈《たけ》（長辺のほう）のぶんほど張り出し、広い土庇《どびさし》空間を作っています（写真7）。「建物を保護し人も濡れない、こういう細部の気遣いに、とりわけお茶の心が通っていることを感じます」と西川さん。京都の庭師が手がけた露地の延段《のべだん》を進み蹲踞《つくばい》で身を清めれば、街の喧噪が更に遠くに感じられます。

10

8

土間席の床の間。
档《あて》の錆《さび》丸太が大きな存在感を出す

9

床柱の沓石には、琵琶湖に注ぐ安曇川《あどかわ》の川石を用いている

土間席と八畳広間席をつなぐ躙口のように狭めた入口

11

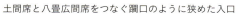

土間席。研修の一環として茶道を習う従業員の方による点前。客席で見守るのは庵主の西川佳男さん

◆

室内に戻り、店舗スペースから奥に進むとそこは土間席。椅子とテーブルが用意され、気軽に菓子と茶を楽しめる空間となっています。飾り床の床柱は太く力感に溢れた档錆《あてさび》丸太で（写真8）、その礎石《そせき》（沓石）には、通常の石より余分な湿気をより遮断できるといわれている川石を用いています（写真9）。

広間席、床の間側から入口側への視線。土間席が奥に覗く

12

八畳広間席

13

◆

土間席の奥には、躙口《にじりぐち》のように高さを抑えた障子を通し、八畳広間席が配置されています（写真11・12）。「土間席に座って奥を見ると、ちょうど奥の広間席が視界に入る高さに引き違い障子が設置されています。障子を開けると空間の広がりと一体感が生まれますので、いつも障子を開け、『奥に八畳の茶室がありますよ、よかったら……』という思いを表しています。障子が結界となって、奥は少し敷居の高い場所とお客様は思われるようですが、空間の質の違いを実感していただくことで、現代では稀少な、本来の日本建築を知る場としても機能しているのかと思います」。

その言葉通り、八畳広間席は「行」の空間として、三〇年以上の時を経て味わいを増した北山杉の床柱《とこばしら》、床脇《とこわき》に書院を備えた一間床、天井板は杉中杢板張の北山杉丸太皮付棹縁《さおぶち》天井などが席に品格をもたらします。従業員の茶道研修のほか、留学生への呈茶や地域の学校茶道の稽古の場にも利用されています。

「仕事が一段落したあと、縁側に座り、蹲踞に流れる水のせせらぎ、風の音を聴きながら一服飲む。これに勝る幸せはございません」と主。訪れる者を和ませる、街の中の一服の清涼剤のような存在として、今後も長くこの地に息づいていくのでしょう。

14

土間席天井。
蒲を女竹で押さえた点前座の落天井と、
客座上の杉板張の平天井。
冷暖房の通風口も備える

店の最奥に位置する「行」の間、八畳広間席

15

広間席の土庇の先に内露地が広がる

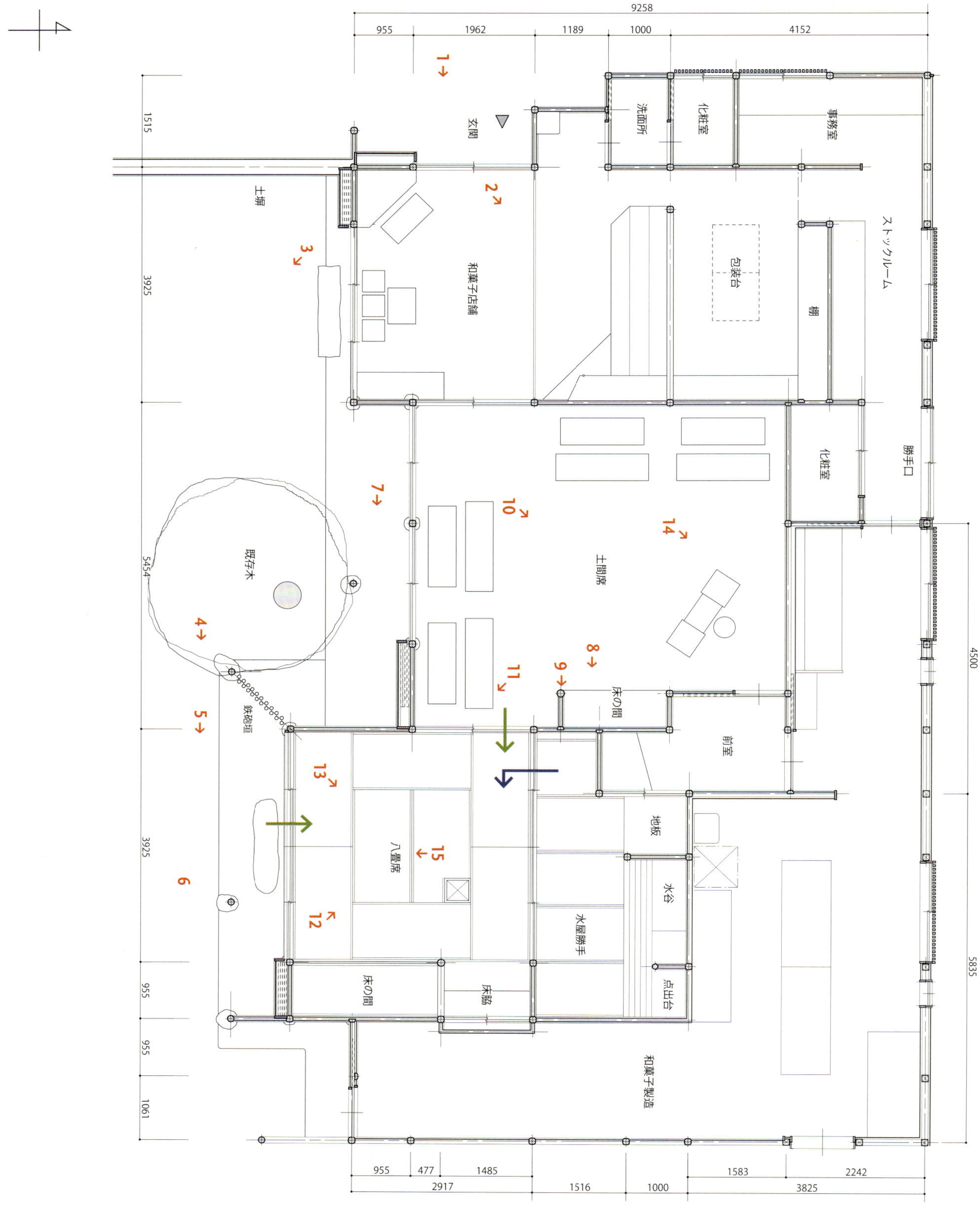

茜庵 DATA

所在　徳島市徳島町3丁目44　【TEL】088-625-8866　【営業時間】9時〜19時

主な施工範囲　八畳広間席＋土間席＋水屋＋店舗空間（木造新築）

主要部仕上表✚八畳広間席

床の間　床柱／北山杉丸太、床框／北山杉丸太太鼓落とし（天端カシュー呂色塗）、落掛／赤杉、畳敷

天井　棹縁天井（棹縁：北山杉下端皮付）

壁　聚楽土塗仕上げ

腰張　西の内紙

その他　柱／北山杉丸太、鴨居・方立／赤杉

主要部仕上表✚土間席

床の間　床柱／檜錆丸太

天井　杉敷目板張　砂ずり仕上げ

壁　聚楽土塗仕上げ

その他　柱／檜錆丸太、鴨居・方立／赤杉

密着ルポ

ビル内に茶室ができるまで

二〇一四年に竣工した淡交社東京支社内茶室「慶交庵」。
無機質なビルの一フロアが、
茶事のできる広間席・小間席に生まれ変わりました。
この茶室の建築工程を追うことで、
ビル内茶室建築の裏側と、
使い勝手のよい茶室づくりのヒントを探ります。

その一、使い勝手の良い茶室にするために「ぜったい外せない条件」を洗い出したうえで、どんな配置が可能か、現場に沿ってプランを検討します。

条件 1 四畳半席と八畳席の二席を設ける

支社の茶室は、茶道教室や茶事・茶会に使われるので、汎用性を持たせるため、四畳半と八畳の二席が必要です。とうぜん、床《とこ》・炉・茶道口の位置関係はオーソドックスなほうが望ましいです。

条件 2 亭主側と客側の動線を分ける

この動線が混在すると、大変使いづらい茶室になってしまいます。限られたスペース内で、確実な動線の区分けを行う必要があります。

条件 3 水屋と蹲踞《つくばい》で水を使い、流せるようにする

このビルは給排水の配管が一カ所に集まっていました（左頁図面内「パイプスペース」）。大規模な配管工事を避けつつ、水屋や蹲踞で過不足なく水が使え、排水できるようにしたいところです。

条件 4 法規制に対応する

とうぜんながら、茶室の天井高・床の高さ、防火面など、法規制との調整をはかる必要があります。

施工前のフロア

集合住宅や商業ビルなどの内部に茶室をつくるとき、最初の大きな制約は「もともとの間仕切りと共用スペース（階段・化粧室など）、給排水設備などの配置が決まっている」ということ。

今回のスペースはL字型で、しかも角が斜めに切られているのがとくに難しい点でした。

条件①をクリアするためには、L字型の片方のスペースに八畳席、もう片方に四畳半席、そしてそのあいだに水屋を配置するしかありません。

そうして二つの茶室の位置が決まると、おのずと動線の設計も決まってきます。

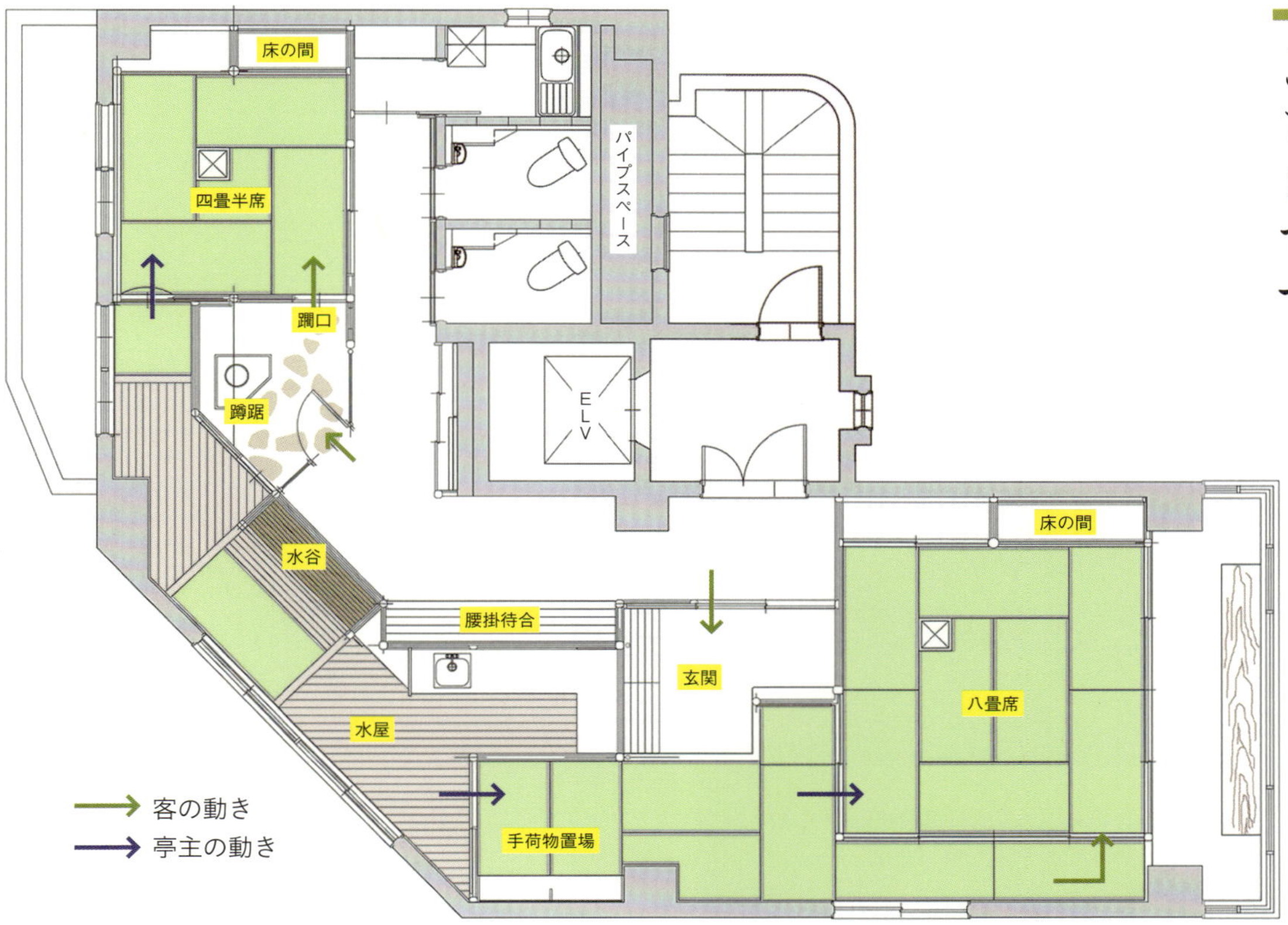

淡交社 東京支社10階

そうして考え出されたプランが、こちらです。

条件 1 への対応

四畳半席と八畳席の二席を備えました。いずれも本床《ほんどこ》、本勝手切の使い勝手のよい配置です。

条件 2 への対応

亭主側と客側の動線はきっちり分かれています。小間席には躙口《にじりぐち》も設けました。

条件 3 への対応

水谷流しには、唯一の水場・湯沸室から給排水管を配管しました。水屋床下に傾斜を付け、水がうまく流れるようにしつつ既存の配水管と接続しています。

蹲踞《つくばい》には給水管は引いていません。給水には甕《かめ》に溜めた水を利用し、銅板を張った木桶の底に排水溝を設置しています。そのうえで、排水設備は黒の玉砂利で隠しました。

水谷床下の配管

甕《かめ》を置き、木桶で囲って排水設備を備えさせた蹲踞。風情を保ちつつ、機能面も充実させています

その二、茶室の使用目的、用途に適した材木を選びます。

設計・予算が決まったら、次に材木選び。床柱《とこばしら》など重要な材を中心に取り合わせを考えます。設計者も材を下見しますが、その際に施主も同行して一緒に選んだほうが、その後の自身の茶室に対する愛着もいっそう増すことでしょう。

材の取り合わせによって、その茶席の雰囲気が変わるため、「どんな道具を使いたいか」「どのような茶事・茶会を開きたいか」という点も念頭に置きつつ選ぶ必要があります。

今回は、四畳半席の床柱には赤松の皮付丸太、八畳席の床柱には天然絞《しぼ》の北山丸太を選びました。

ビルは気密性が高く乾燥が激しいため、木材は人工乾燥のものより、長期間自然乾燥させたもののほうが割れの心配がないとのこと。茶室完成後には、室の湿度を50～60パーセントに保つよう、水を入れたバケツを各所に置くことも有効です。

四畳半席の柱

右2本が四畳半席の床柱となる赤松の皮付丸太。左2本の檜の錆丸太はそのほかの柱に。錆《さび》丸太は梅雨の頃に山で伐採し皮をめくり、ムシロやゴザで巻いて山に寝かせ、カビがついたもの。冬にカビを洗い流すと景色が現れます。

八畳席の床柱

天然しぼの北山杉は、十分に自然乾燥させたものを使います。今回はカルチャー教室にも使う茶室として、しぼが強いと重厚になりすぎるため、しぼの弱い、景色のある材が選ばれました。

鴨居

木目のつまった杉材が好まれます。特に茶席では鴨居を細くするため、より木目のつまった材が重宝されます。

その三、いよいよ、施工開始です。

材木が揃ったら、まず京都の工作場で各部材をきざみ、それらの材を組み合わせて仮組みをします。

　そのうえで部材を解体、養生し、東京の現場に持ち込んで軸組み（柱・敷居・鴨居を組む）がされます。

材料の「キザミ」

7月25日～ 土台・柱・敷居・鴨居・天井板などの材を、決められた厚みに削り、鉋《かんな》がけをした上で、必要な寸法にきざみます

仮組み

8月18日～ きざみ終えた部材を軸組み（柱・敷居・鴨居）します（仮組み）。それが終わると、壁下地・建具・襖・畳の職人が寸法を採ります。その後、仮組みを解体、養生し、搬出準備します

8月29日 京都から東京へ、木材料の搬出入

墨打ち

8月29日 実際に茶室を造作するビルの床に、茶室の平面図どおりにスミ出しします（間仕切りの芯ズミを打つ）。一見まっすぐに見えるビルの壁にも必ずゆがみがあり、実際の寸法はこのとき正確に割り出されます

組み立て

9月1日～ 各部材を、微調整を加えながら軸組みします

壁張り

9月18日～ 軸組みができあがったら壁下地材を組み、石膏ボードを張ります

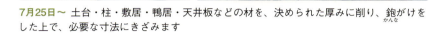

天井張り

9月20日～ 四畳半席・八畳席など各室にふさわしい天井を意匠し、雰囲気をつくります

壁塗り

9月26日～ 左官職人がボードに下塗りをし、茶席は聚楽土を薄塗り。通路は合成した壁土を上塗りします

洗い

10月1日～ 土壁の上塗りが終われば、「洗い屋」と呼ばれる専門の職人が木部を洗います。稲藁でつくった水箒で水洗いし、拭き取ることをしないと、数年後に触れた手の脂がついた部分が黒く浮いてくるといいます

10月10日 畳を敷き込み、建具・襖を建て合わせ、壁が乾いたら腰張を貼ります

10月16日 茶室披き

条件4 法規制への対応

床高・天井高・法規制を検討し、茶室の雰囲気づくりをする

建築基準法上、このビルでは壁・天井は準不燃・不燃材に認定された材を使用する必要がありました。その対応として、壁の下地材に石膏ボードを使い、その上から聚楽《じゅらく》土《つち》などを薄塗りします。また茶室の天井は不燃ボードに0.3ミリの杉板を練り付けた規格品の板を加工し、空間の広さに合わせて雰囲気づくりをしました。

八畳席の天井板は不燃ボードに杉中杢板を練り付けたもの

四畳半席の天井板は不燃ボードに杉柾板を練り付けた板に柿渋を塗り、目地を切り、パテを漆喰垂らし風に塗ったもの

完成した茶室がこちらです。

ビル内茶室ならではの工夫

ビル内の限られたスペースを有効に生かすくふうです。

1

八畳席の障子むこうのスペースは、コンクリートの柱があって茶室空間に取り込めないため、茶道具の収納スペースとして有効活用しています

収納

デッドスペースを無駄にしない

2

ビル既存の壁を茶室の間仕切り壁で覆い、炉・風炉用の畳、建具を納めています。奥行きのない場も畳の収納に使えます

動線

限られたスペースで動線を整理

3

貴人口の踏み台を可動式に

湯沸室前の通路は貴人口への客の動線であり、懐石を運ぶ勝手の通路でもあります。貴人口の踏み台を可動式にすることで、幅の狭い通路の動線を確保します

4

八畳席の目隠しに屏風を備え付け

客が八畳席に席入りするまで、茶道口脇に用意した茶道具を目隠しするために備え付けの屏風を折り畳みます。席入りがすむと屏風を開き、席中から水屋が見えないようにできます

5

十分な横幅を確保した水谷棚。角のデッドスペースにも小さな棚を設けています

水屋

水屋と立ち水屋に加えて準備棚を充実させる

6

近年要望が多い立ち使いの水屋。点て出し、お菓子の準備など多目的に使用できます

7

水屋だけでなく、四畳半の茶道口の脇に小さな準備スペースを。懐石をお出しするときに、折りたためる棚に仮置きできて便利

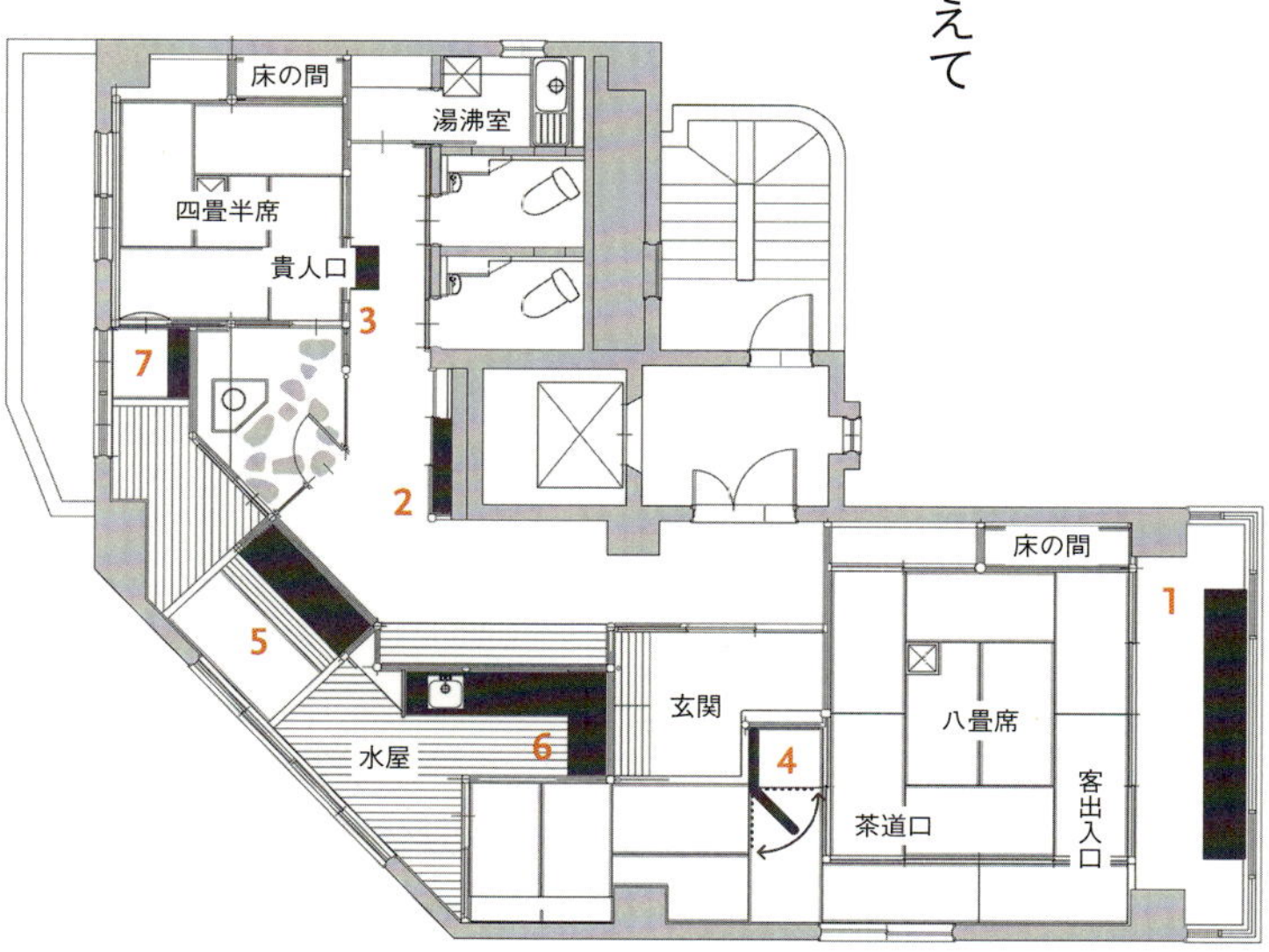

淡交社東京支社の貸し茶室「慶交庵《けいこうあん》」のご案内

坐忘斎家元の命名による茶室「慶交庵」。
四畳半本勝手、八畳の広間と水屋、腰掛待合や蹲踞なども備えた本格的な茶室で、茶道を学ぶ方々の修練の場として茶事・茶会・お稽古にと、幅広くご利用いただけます。貸し茶室のご利用に関しましては、右記までお問い合わせください。

お問い合わせ先
淡交社東京支社　文化事業部
東京都新宿区市谷柳町39-1 菅屋ビル
電話：03-5379-3227　FAX：03-5269-7266

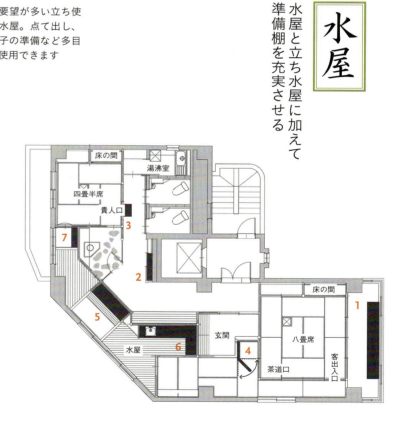

実際のプランづくりに役立つアドバイス集

物件写真で膨らんだ夢を具現化させるために。ここからの頁はノウハウを紹介していきます。

まずは、使用目的を具体的に思い描いてください。

実際にプランづくりに取りかかる際には、生活空間の中に茶の湯の空間をどう取り合わせ、茶室としては主にどのように使いたいのかを決め、それによりほかの部屋とのつながりを考えます。使い勝手がわるいと、気を使いすぎてゆったりとお客様をもてなすこともできませんし、ふだんの生活にも無理が生じます。使用目的によって使用勝手は変わります。茶の湯空間の広さ、間取りは日常生活に合わせ考えるべきものなのです。

茶室の使用目的はもちろん人それぞれですが、最終的な目標としては、「茶事・茶会のできる茶室づくり」を掲げるほうがよいと思います。

使用目的の例

- 家族、友人たちと趣味を語らいお茶を楽しみたい
- 自身の茶の湯のお稽古に
- 茶の湯のお稽古の教室に
- お茶事を行えるように
- 他の使用目的と兼用したい（お花、お香の教室）

漠然とした言い方になりますが、ご自身の現況の生活空間の状態を客観視して、その「雰囲気を読み」、何が相応しいか考え、そして実現できることの是非についても熟慮する、そんな引き算の思考も重要になってくると思います。いずれにせよ、少しでもよい雰囲気をお客様に感じて頂けるよう心がけることが大切です。

そのうえで、具体的に間取りを検討する段階になったら、特に大事な役割を担う炉・床の間・水屋の位置が生活空間の中でどの場所にあてはまるかを想定し、それに伴い亭主・客の動線を考える必要があります。日常生活の中での動きを考え、十分なおもてなしができないようであれば、それが亭主の臨機応変の動きで補うことができるかどうか検討し、できないならばその部分のプランはまた練り直します。その繰り返しがよい茶室づくりにつながるのです。

なお、余分なことかもしれませんが、生活空間に設ける茶室は、毎日稽古などをされる方を除き、多目的に使用できるようにしておいたほうがよいでしょう。日々使われなければ、道具置き場になってしまいがちですから。

大がかりな改修工事を必要としない、気軽な茶の湯空間のプラン例を紹介します。

使い勝手を確保しつつ、費用を抑える。「肩肘張らない茶室」のありかたについての、いくつかの実例です。

お茶のお稽古は長くしているものの、普段はそれを身近な人に披露する場もなく、たまに大寄せ茶会でお手伝いをするくらい……。そんな話を聞いたことがあります。お茶は一人でするよりも、気の合う仲間と集まって行うほうがより楽しく、稽古の励みになることも多いでしょう。住まいや職場など、生活に密接した場を味わいある茶の湯空間に改装することで、仲間が気軽に寄り合うことのできる場となり得ます。大がかりな改修は無理でも、少し手を加えることで、そういう場をつくれないものか。そんな声が近年多く届くようになっています。

そこで問題になることが多いのは、現代の住空間の中に、茶の湯の畳の空間をどう導入するか、という点です。

和室がない住宅の場合はもちろんのこと、茶の湯点前を円滑に行うためには京間畳の寸法（巾三尺一寸五分、長さ六尺三寸（955ミリ×1910ミリ））が必要ですので、たとえ和室があっても、京間畳より一回り小さい江戸畳などを用いている場合は、京間畳への入れ替えに伴って間仕切り変更が生じ、大がかりな改修工事が必要となり、それがネックになって炉を切るのをあきらめる場合も多く見受けられます。

このような問題に対応するためのプランをいくつかご提案します。

【図1】

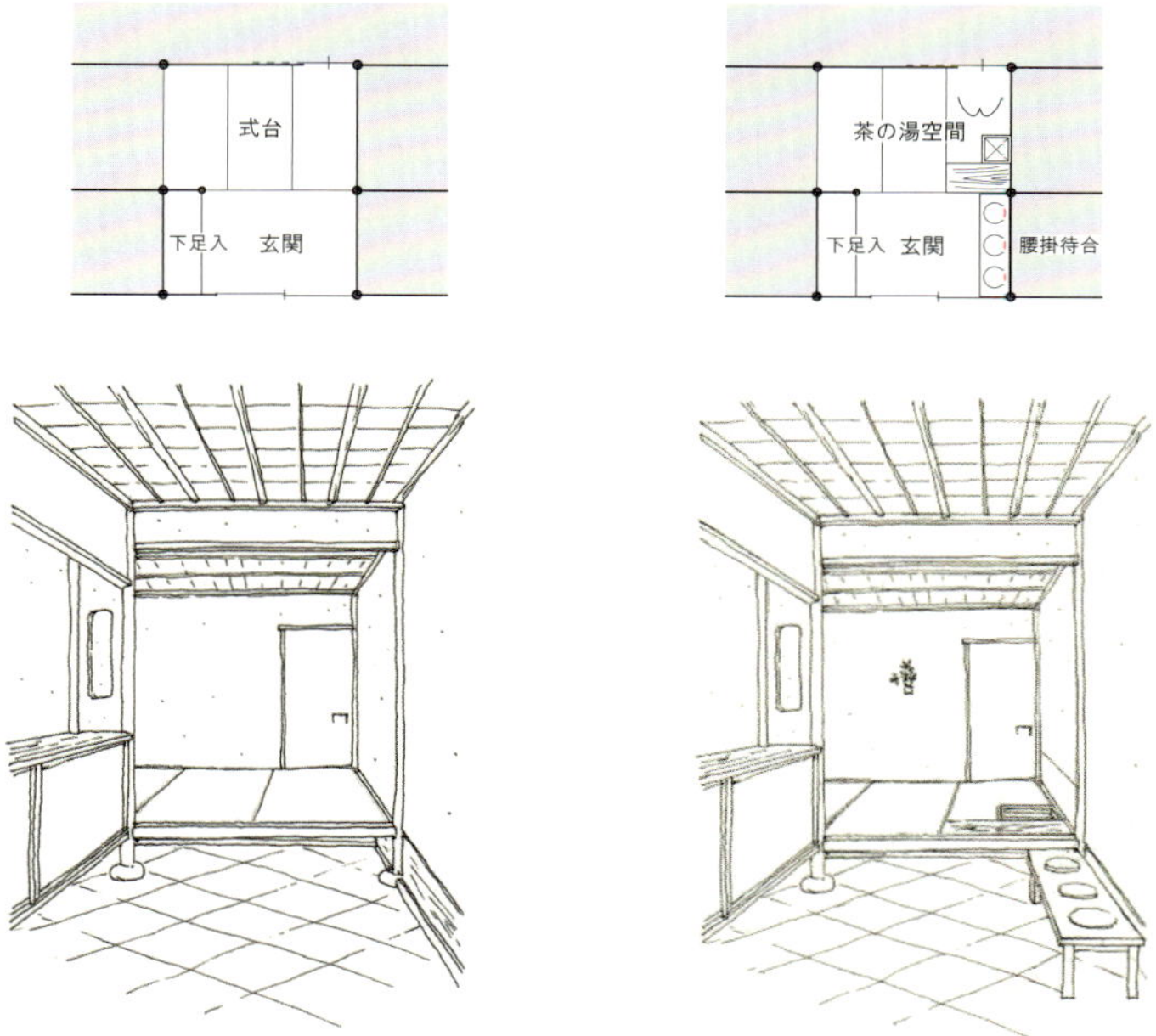

【図1】玄関を寄付、接客の場に

住まいの玄関が少し広い場合、図のように炉を設け、向板《むこういた》を据え、置き畳などを敷き、玄関土間には腰掛を置けば、ちょっとした来客にも一服差し上げることのできる多目的の寄付空間となります。

【図2】

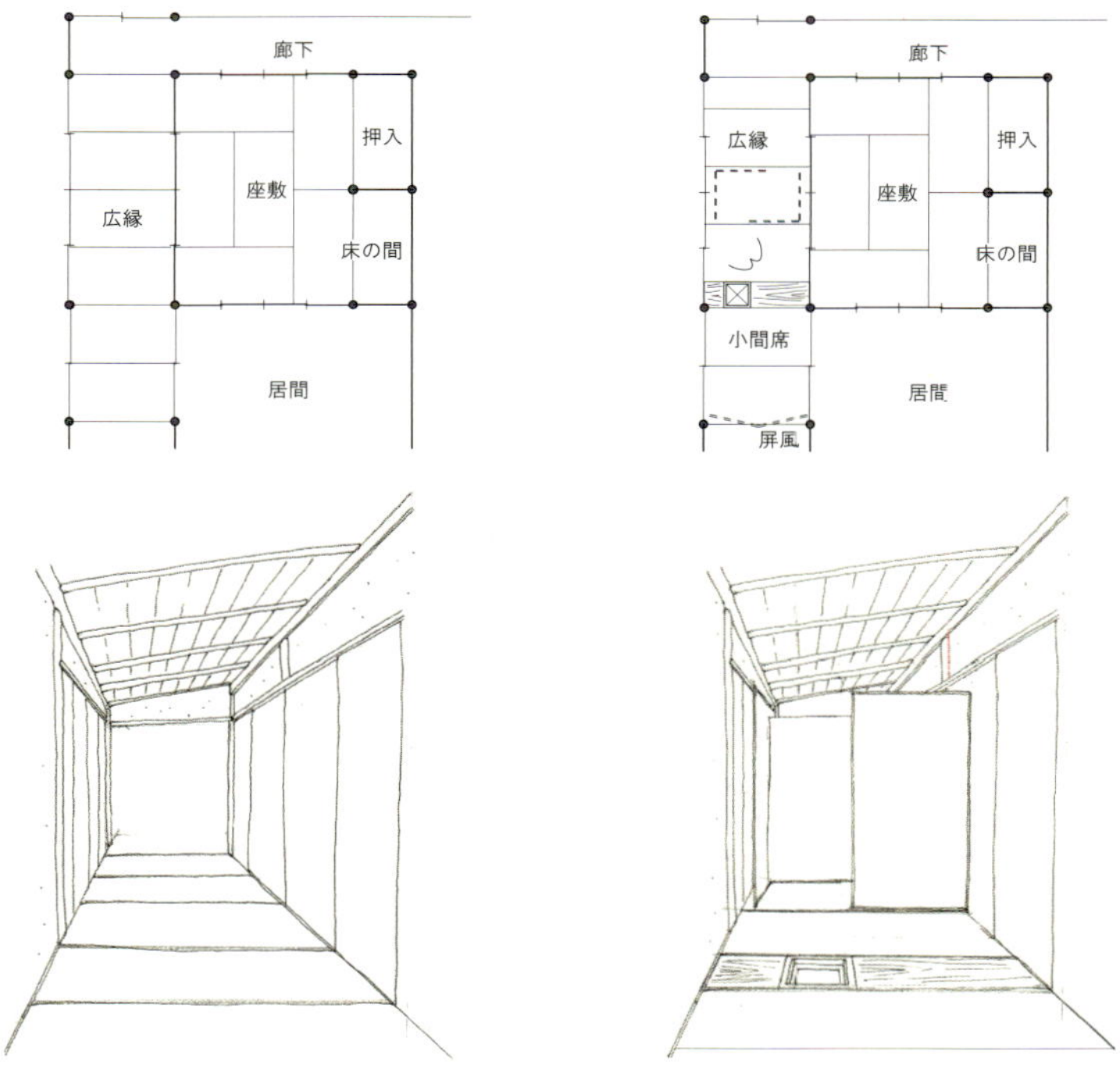

【図2】通路を小間席に

住まいの中に比較的幅の広い通路（廊下、広縁など）がある場合、図のように畳を敷き替え、中板を据え、炉を設け、屏風などで間仕切りをすることで、広縁に小間席の空間をつくりだすことができます。

【図3】

Before

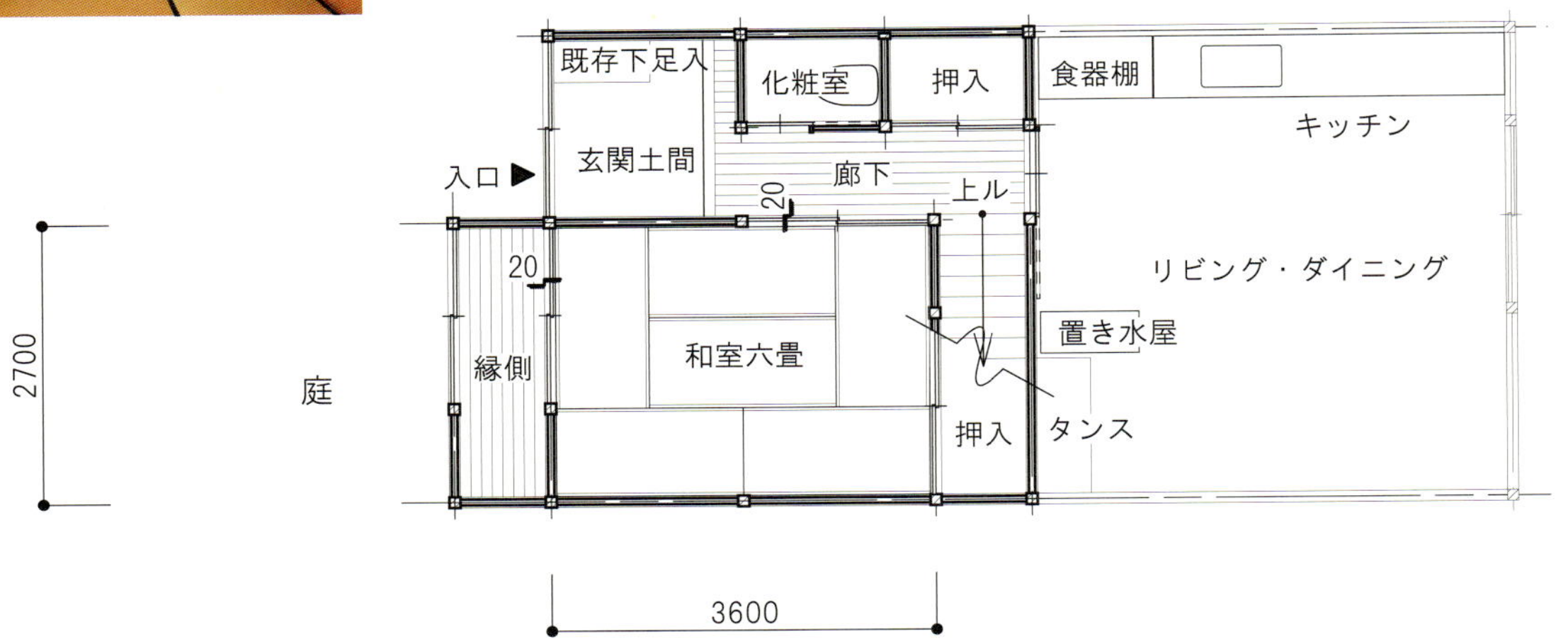

After

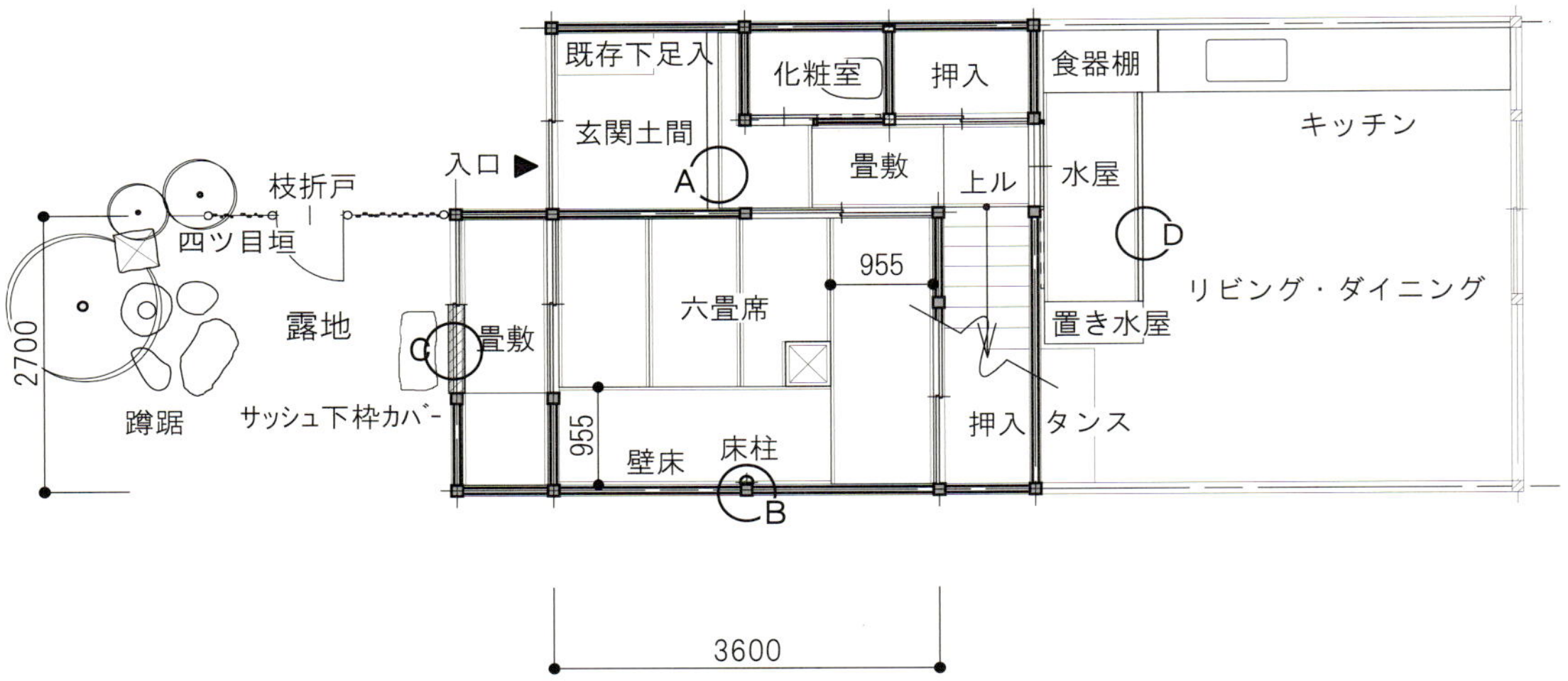

【図3】

木造住宅の玄関脇に和室があれば、図のような簡単な改装で茶の湯空間づくりができます。

元々が小さい畳サイズの六畳間だったところを、点前座と客畳のみを京畳として所作の使い勝手をよくし、ほかは既存の畳を寸法替え(幅847ミリ)して収めています。建物の構造には大きく手を入れないようにしています。

また、板間の廊下には薄い置き畳を敷いて、茶道口の敷居にある段差をなくしています。そして玄関土間には既存の框《かまち》の上に敷居を後付けし、段差をなくします(詳細図A)。

床の間はスペースの都合上、壁床《かべどこ》とし、既存の柱の上に半割の北山杉丸太を床柱《とこばしら》として造作し、茶席らしい化粧を施します(詳細図B)。

縁側は、既存の縁甲板の上に薄い置き畳を敷き、サッシの下枠には木製カバーを付け、客の出入口としています(詳細図C)。

水屋は、隣室に置き水屋を配置し、その部分に薄畳を敷けば茶の湯空間の完成です。間取りも改装前のままです。

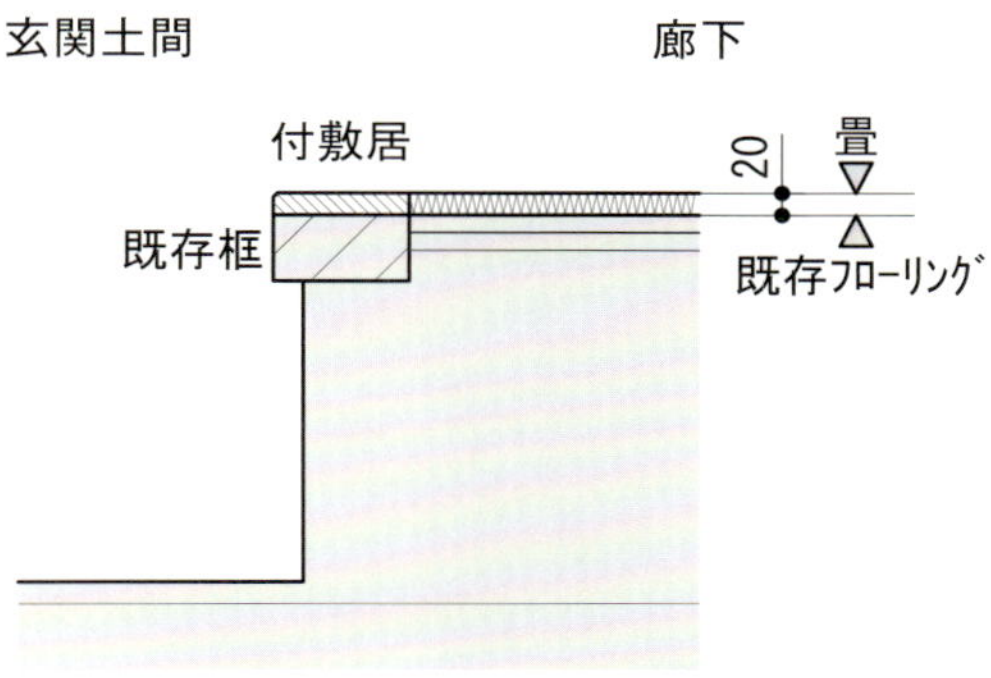

詳細図 A

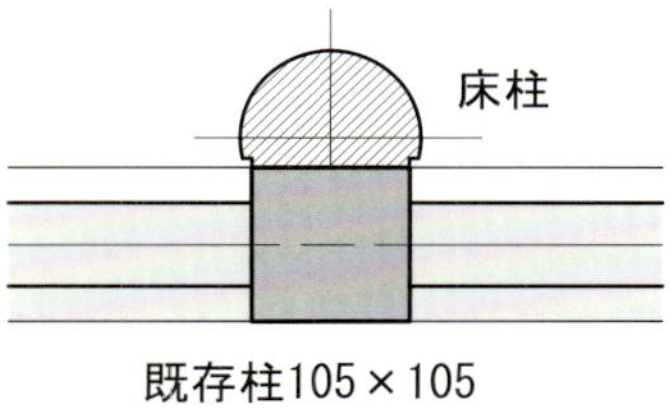

詳細図 B

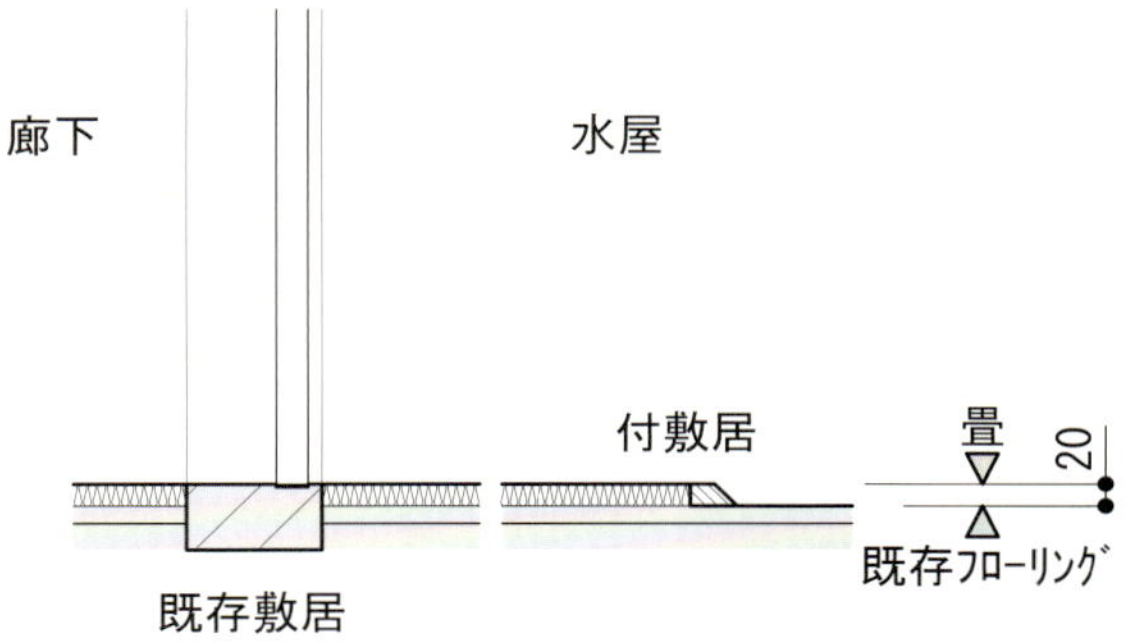

詳細図 D

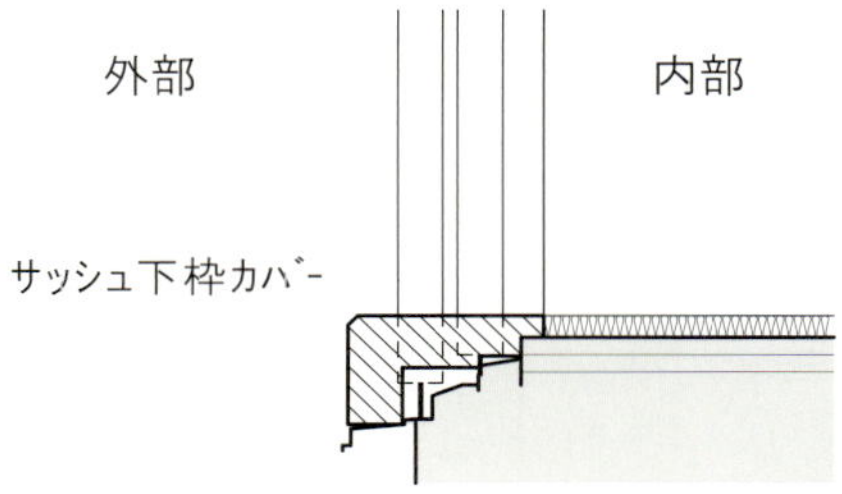

詳細図 C

【図4・写真1】

室内の改装は行わず、風炉、炉の点前をすることができる創作点前棚の案です。

畳のない空間でも、風炉だけでなく腰掛けて炉の点前をしている雰囲気を感じることのできる棚を、との発想から、実際に使われる方の使用勝手をヒアリングしつつ、使いやすいよう台の意匠と構造を考えました。回転椅子に座って無理なく点前ができるので、正座ができにくい方にもお薦めです。

実際の使用例は52頁に掲載しています。リビングダイニングの一角に置くなど、現在の生活環境の中で、無理なく茶の湯の文化を受け継いでゆくための一助になれば、との願いを込めています。

【図4】

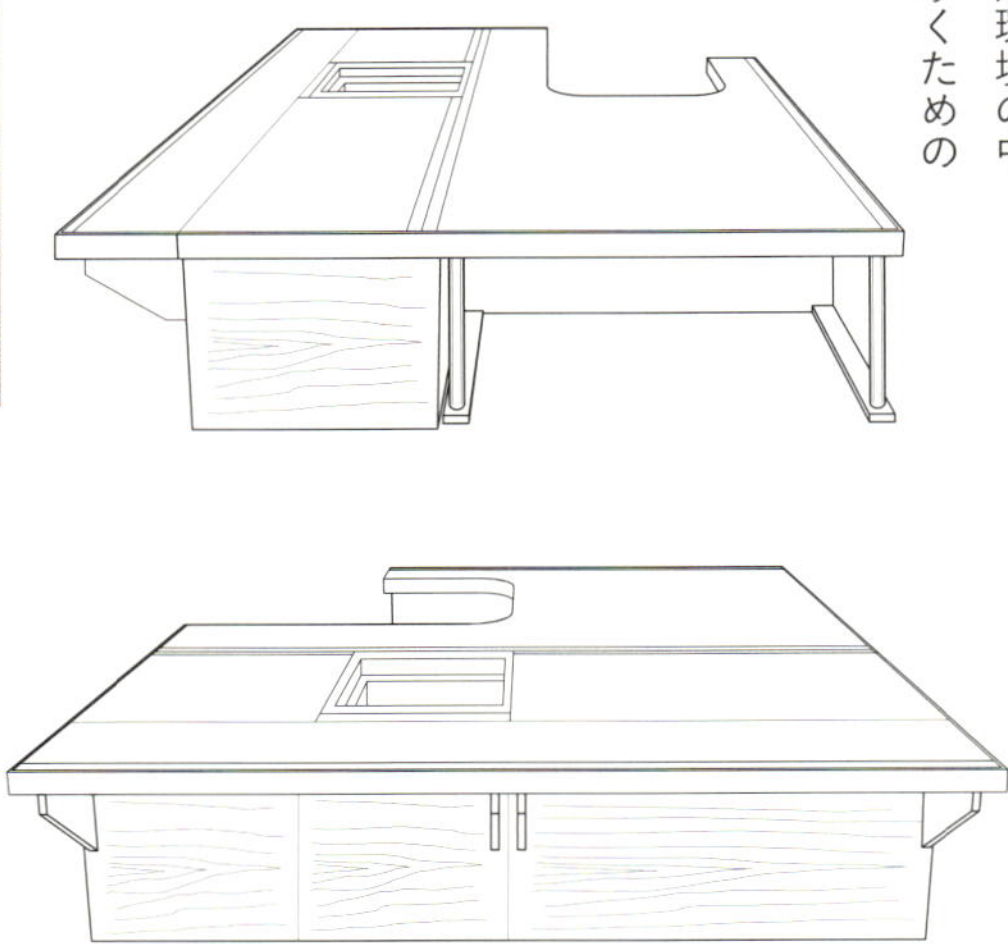

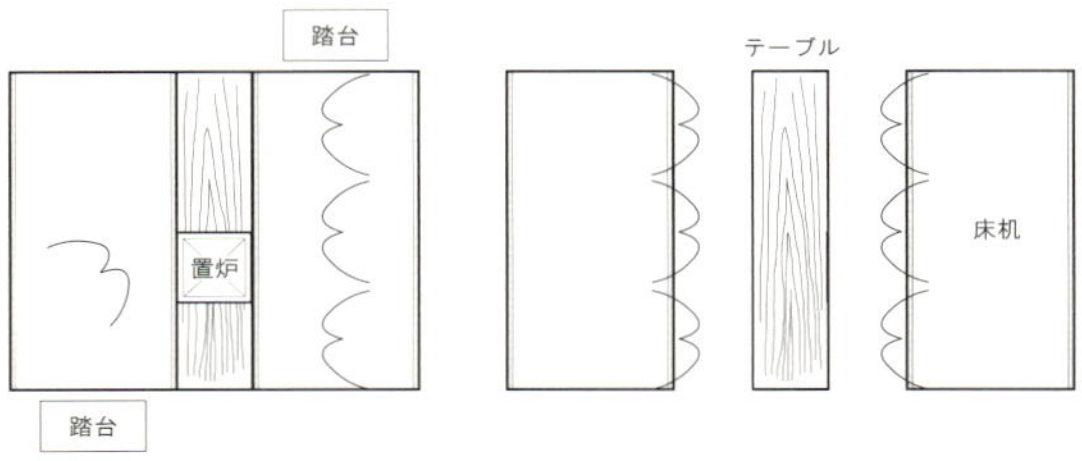

【図5】

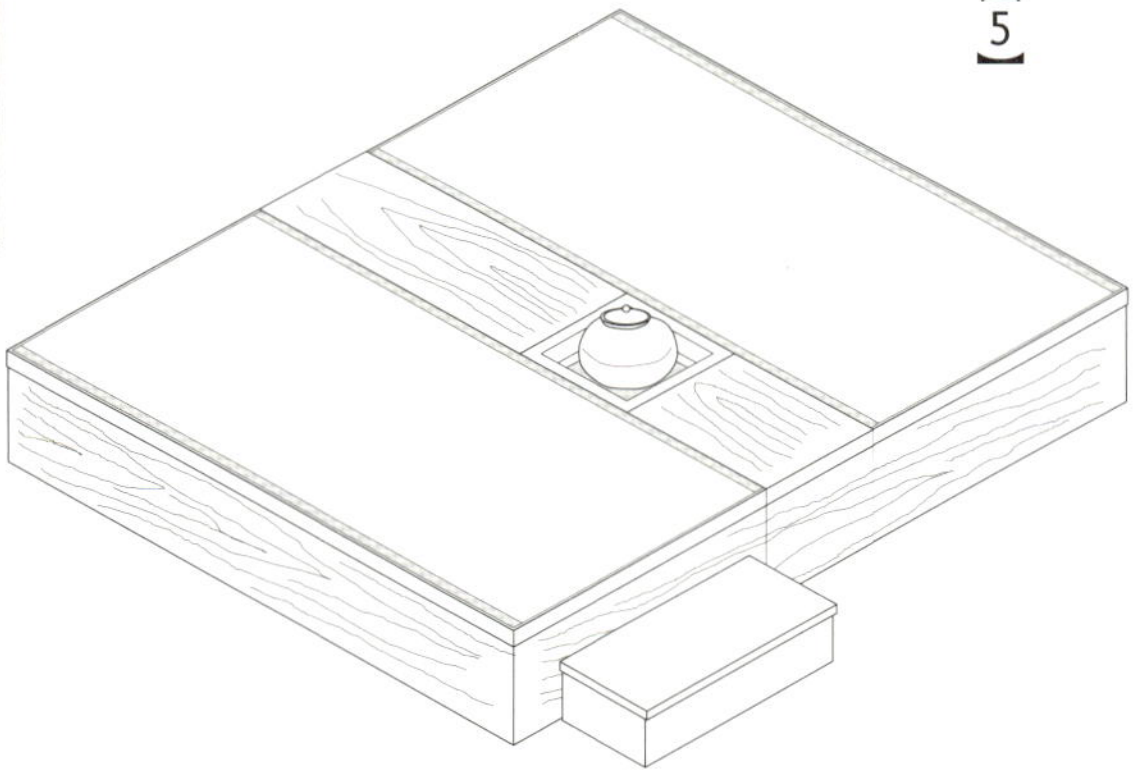

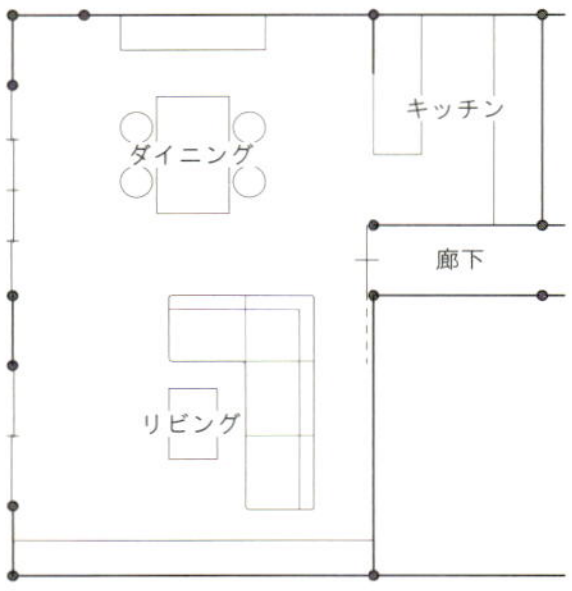

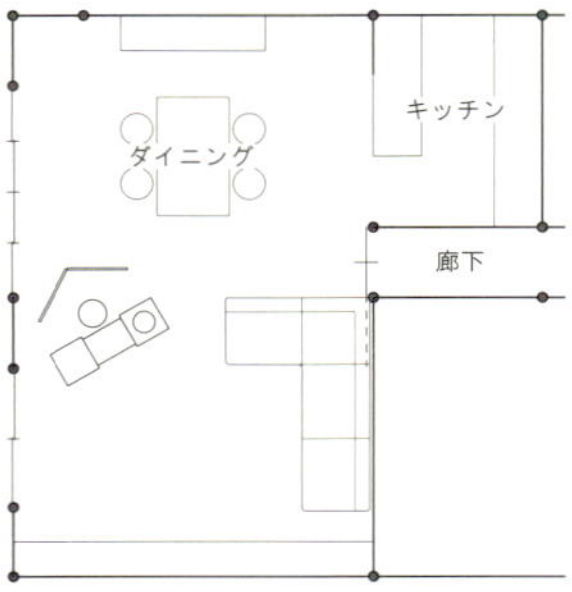

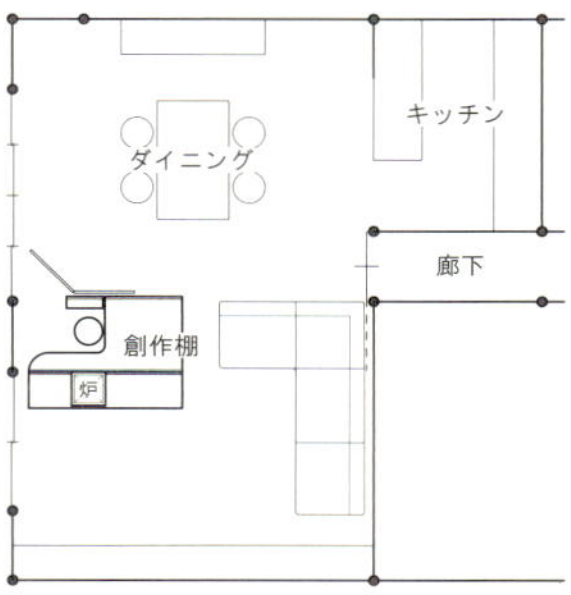

【図5】

住まいに座敷がない場合でも、置き炉を使いつつ、畳の点前をすることができる簡単な創作台の案です。

リビングなど広い部屋に一畳大の床机《しょうぎ》を二台と、置き炉をはめこんだテーブルをつくります。そのテーブルを床机で図のように左右から挟みこむと、二畳中板の場になります。台は薄畳敷にし、持ち運びが容易な軽い材でつくります。

一畳の床机は、来客用の畳ベッドとして使用することもできます。

このほか、和室があれば、もちろん置き炉・風炉を置くことで気軽にお茶ができますし、テーブルでも盆略点前で気軽にお茶を楽しむことができます。また御園棚・春秋棚・和親棚を配し、その後ろに屏風・几帳・大傘などをしつらえるなどといった形でも、茶の湯空間を演出することが可能です。

Q&A 誰もが気になる茶室の疑問にお答えします。

ここからは、建築部に寄せられた質問の中から、特に多かった内容に絞って回答していきます。実際の事例に沿ったプラン例もいくつかご紹介します。

Q 炉を切る位置、据える深さ、炉壇の種類などについて教えてください。

A 炉の切り方については、茶の湯の空間づくりで皆様が一番悩まれるところで、最も質問が多いです。何か特別な事情がなければ、亭主から見て右手側に炉を切り、左手側に襖や壁がある「本勝手切」を基本として考えましょう。そのうえで、座敷の状況に沿って最適なプランを検討します。

図1は、既存八畳の空間に八畳席を設けたいというケースです。間取り上、亭主の動線と客の動線が一緒になってしまい、水屋も近くに設けられないため、無理に間仕切り変更をせず現状のまま置炉、風炉で楽しまれたほうが良いかと思い、図2のようなプランを提案しました。

図3・5は、八畳間・六畳間の改装例です。茶の湯の点前は京間畳を基準としているため、茶室は最低限、点前座だけでも京間畳にするのが望ましいですが、京間畳より一回り小さい江戸畳で造作している座敷に京間畳を入れると、茶室としては八畳は四畳半席、六畳は三畳台目席ぐらいの広さしか確保できませんので、間取りを変更しなければなりません。その改修例が図4・6の案です。

◆

なお、八畳席茶室を設ける場合には、畳の寸法としては3820×3820ミリ（柱が100ミリの場合は、柱芯々寸法は3920×3920ミリ）が必要で、四畳半席の場合は2865×2865ミリ（柱が90ミリの場合は、柱芯々寸法は2965×2965ミリ）が必要です。

Before

【図1】

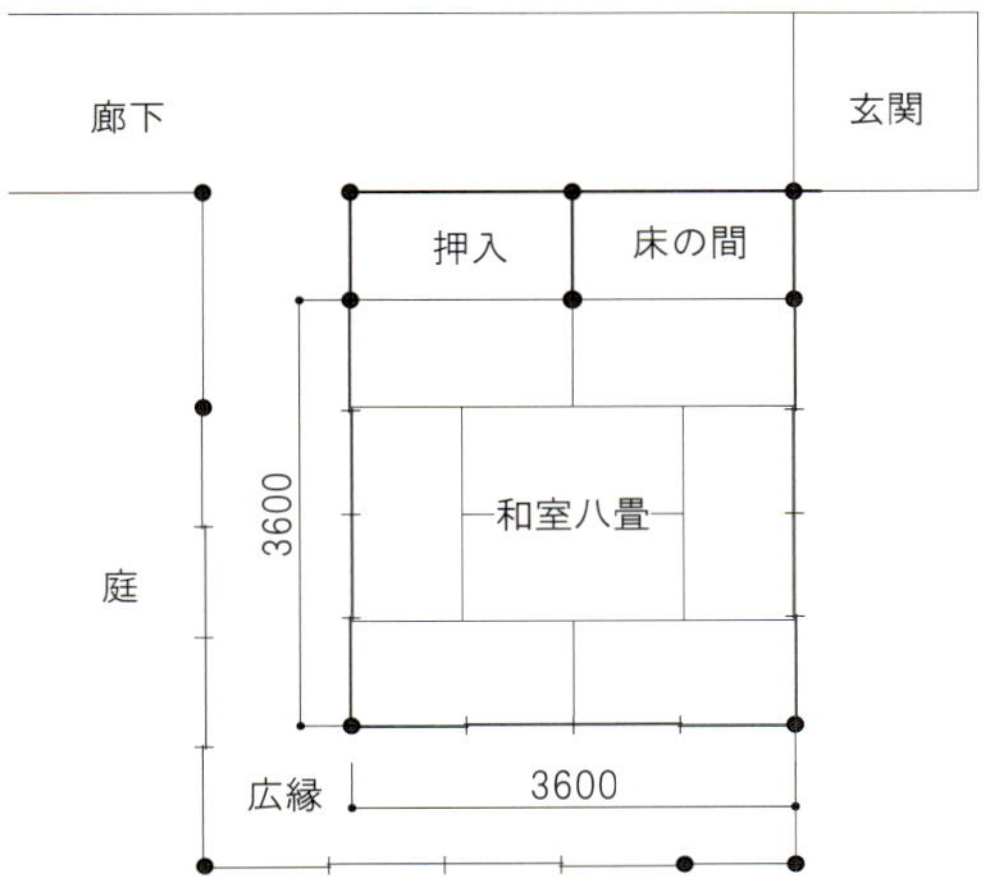

After

【図2】

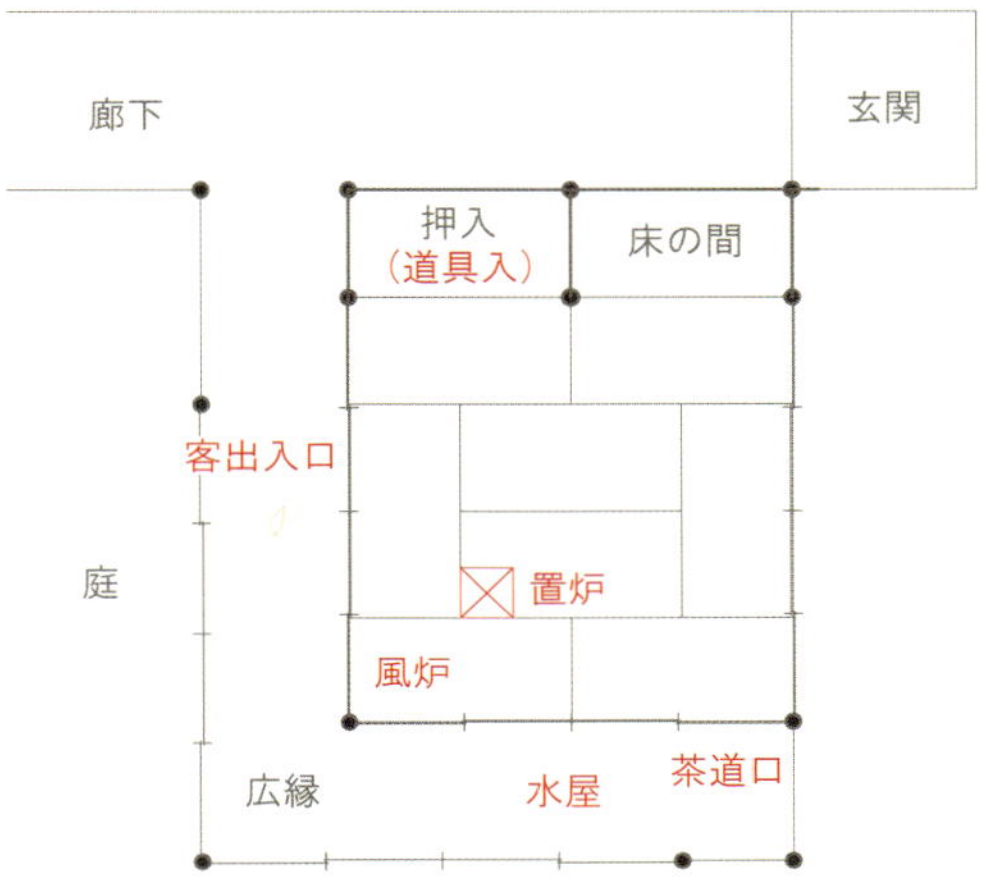

【図3】

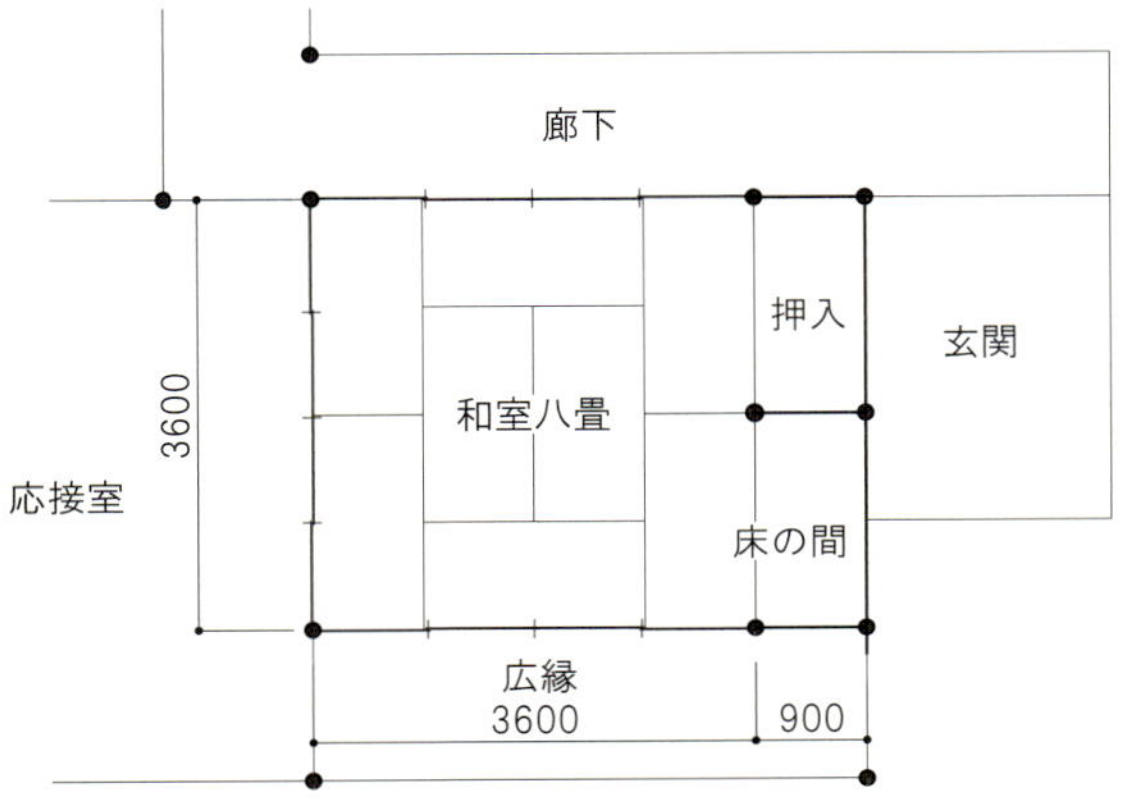

【図4】

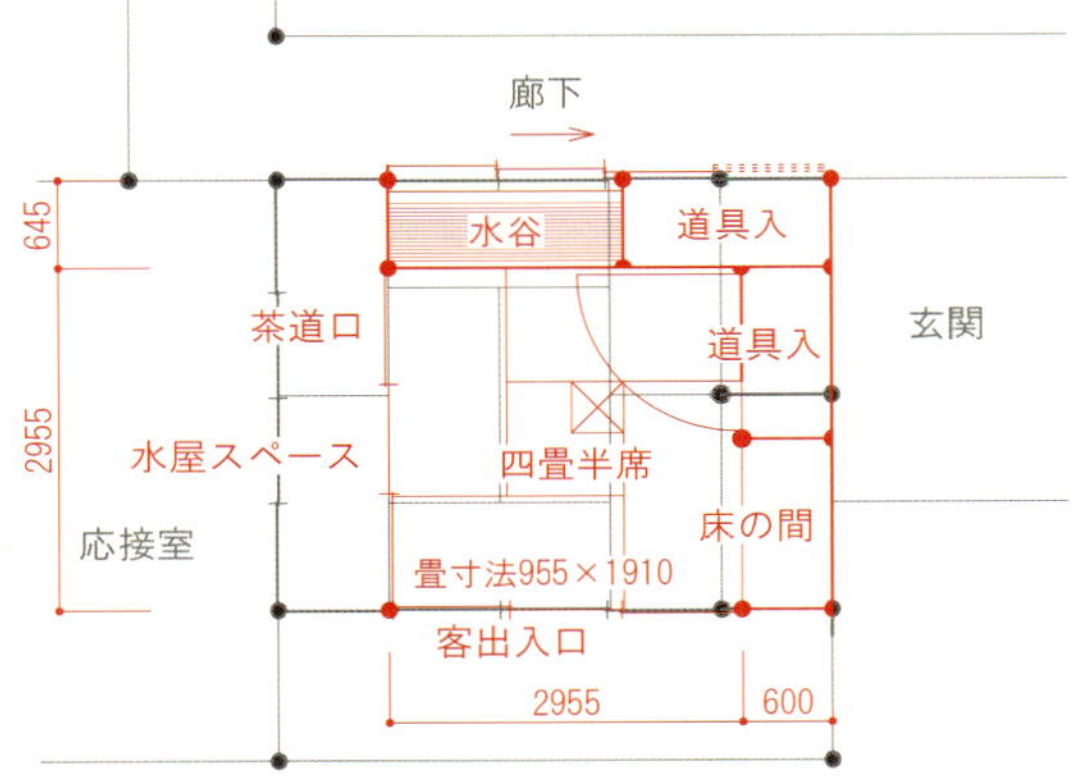

【図5】

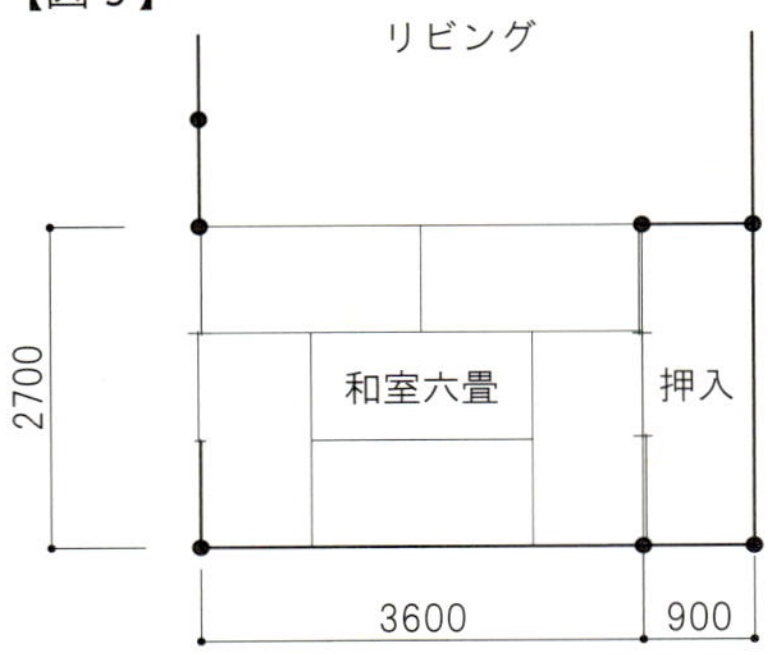

【図6】

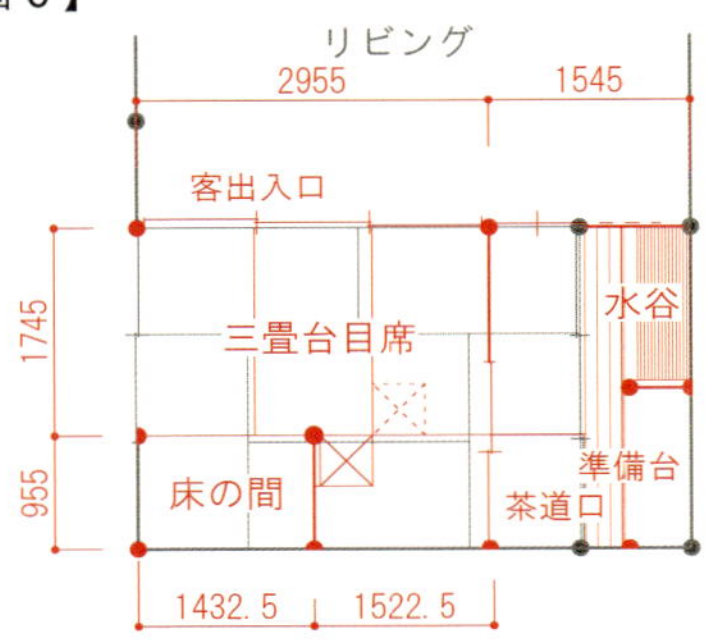

◆淡交社建築部監修による書籍第一弾、『わが家に茶室をつくるには。』に、茶室空間のディテールについての詳細解説を掲載していますので、そちらも併せてご参照ください。

基本的な畳の敷き方と主客の動線図

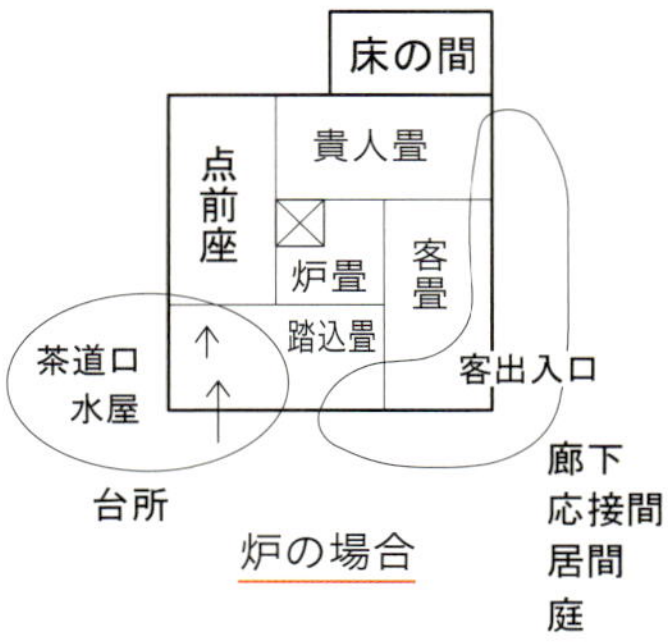

炉の場合

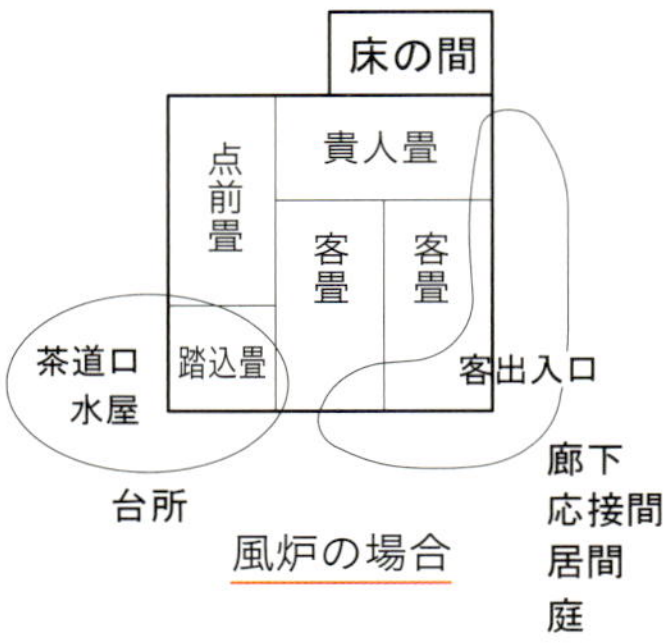

風炉の場合

四畳半席

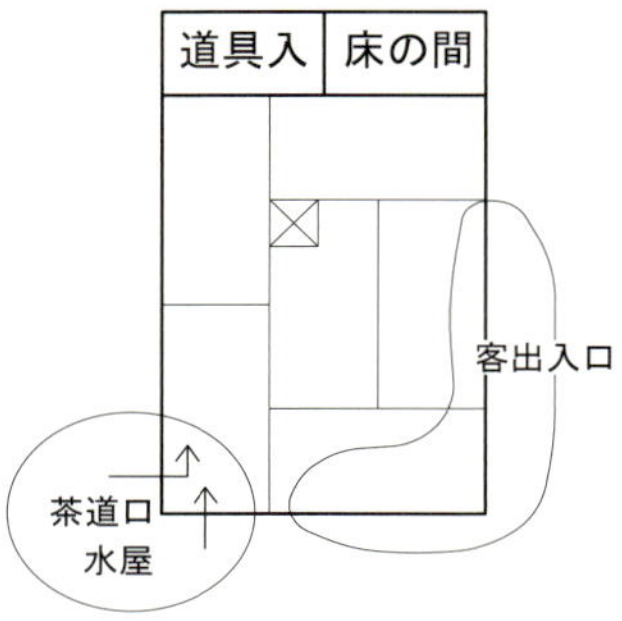

六畳席

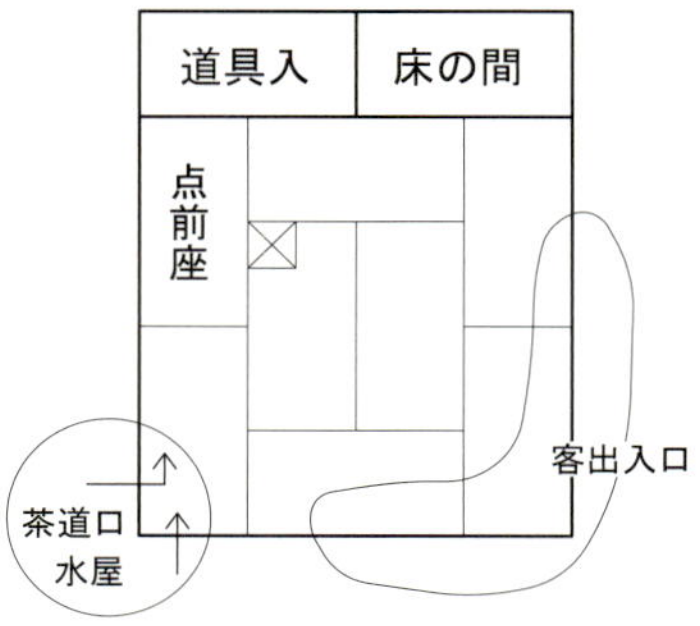

八畳席

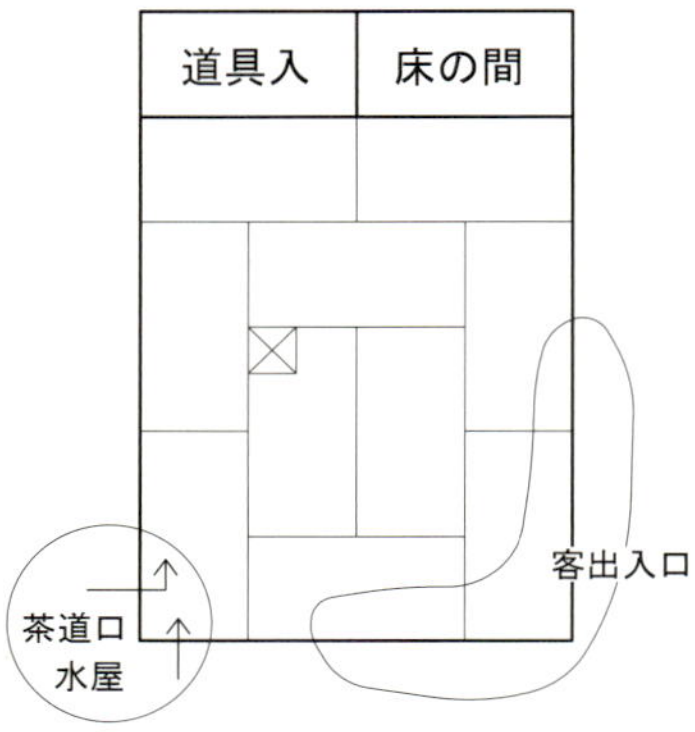

一〇畳席

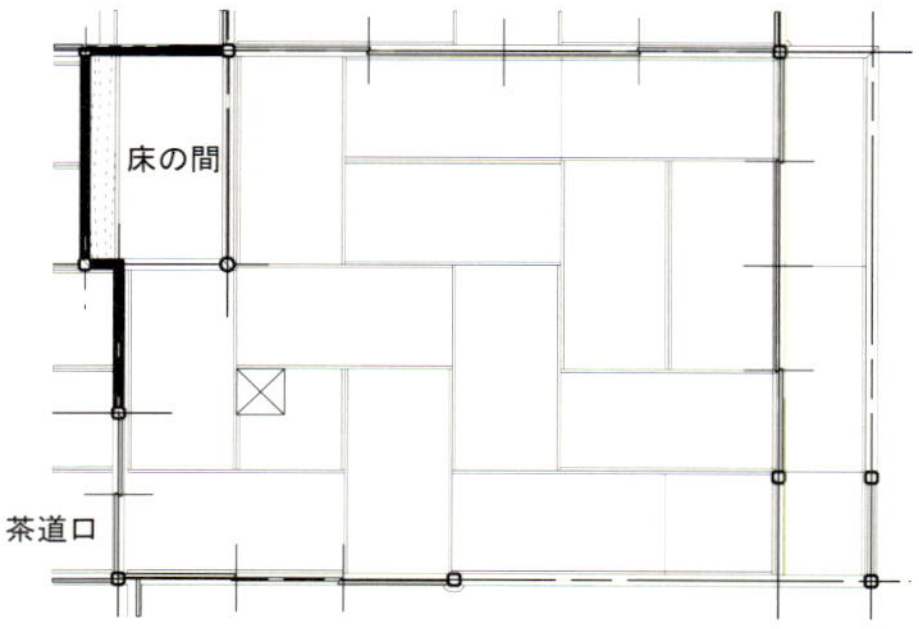

大広間（一四畳席）

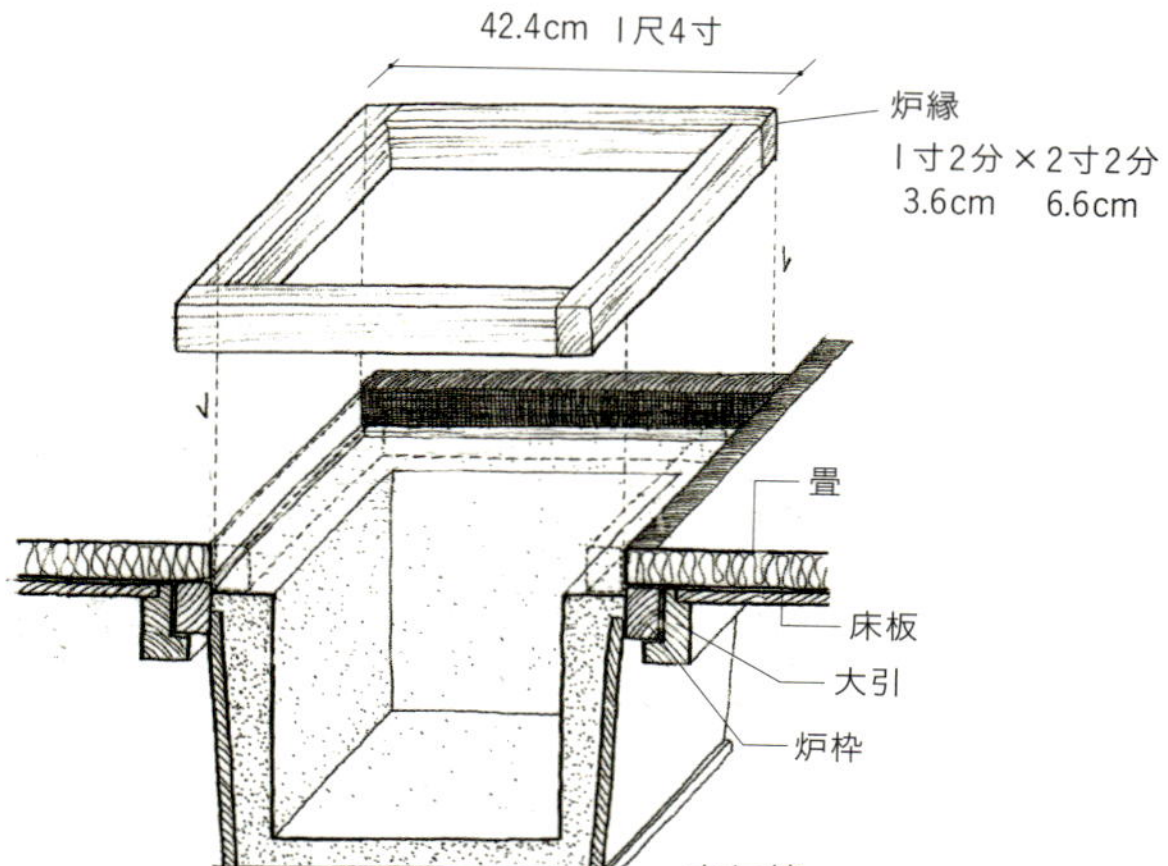

本炉壇

本炉壇

電熱炉

銅板炉壇

炉は本炉壇（土塗）のほか、銅板炉壇、電熱炉壇などが市販されており、地域によっては陶板製、石製のものも市販されています。目的や使用場所の状況、予算に合わせ選びましょう。

炉を切る場合はその炉壇と炉縁を買い求め、大工と畳屋に依頼して床組を補強し、炉壇受け枠を造作しそれに炉壇をはめこみ、畳を敷きます。

ひとつ注意点としては、炉壇は床組に吊るように据え、けっして地面（土間）などに置かないようにしてください。地面に置くと炉壇の底が腐食することにつながります。

Q 床の間のしつらえについて教えてください（配置、寸法、釘の位置など）。

A 炉の切り方に次いで多いのは、床の間についてのご相談です。

まずその配置ですが、床の間は亭主側から見て炉の右前向こうに設けるのが基準です（本勝手切の場合）。

間口の広さは小間・四畳半席の場合は台目床、広間席は一間床とするのが標準的な寸法です。床の間の天井板は杉の鏡板張りで、天井高は畳より2100ミリ以上必要です。

床の間の床《ゆか》の仕上げ材は畳で、形状は席の畳より一段上げて床框《とこがまち》を設けます。また、その床の間の向きは、できれば東からの光が入る位置が一番よいとされていますので、床の間が南に向く形になります。

◆

床の間の空間を確保できない場合は、壁を床の間に見立てて壁床《かべどこ》とするか、屏風を置いてそれに掛軸、茶花を飾り付け、床の間に見立てる場合があります。

土間席の床の間は、お客様は椅子に座るので床《ゆか》から約55～60センチ上げ、天板を赤松か呂色の漆塗にした床の間とします。天井高は天板から2100ミリ以上必要です。

炉と床の間の位置が決まったら、生活空間の動き、隣室との兼ね合い、そしてお客様の出入口、茶道口の位置を決め、意匠を検討していきます。

※床の間の材の取り合わせの参考例については、129頁をご参照ください。

● 釘を打つ位置の目安

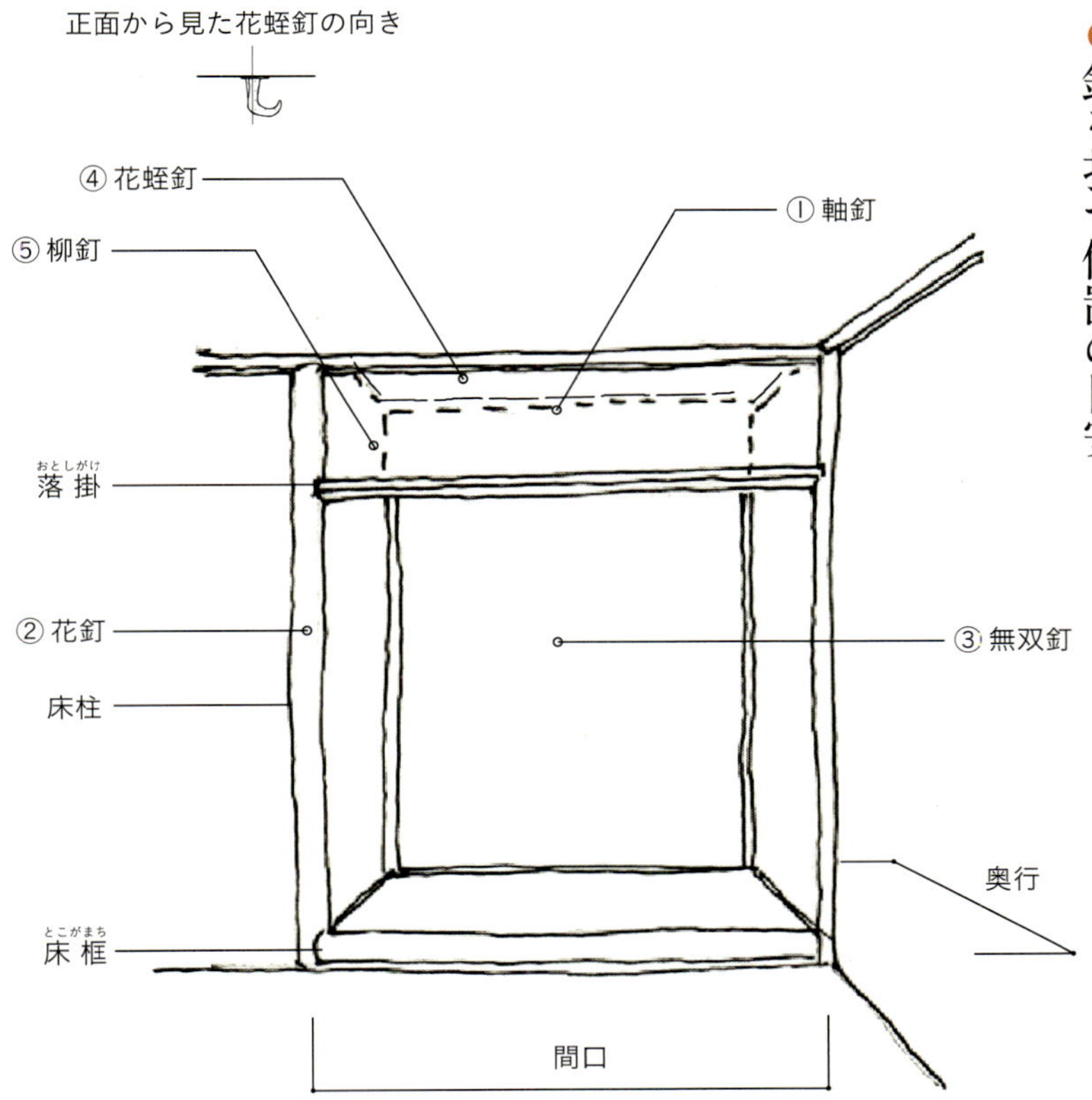

① 軸釘：奥の壁の間口の中心、天井廻り縁の下端から27ミリ下が目安です。

② 花釘：床框《とこがまち》から落掛《おとしがけ》の内法高を三等分し、落掛の下端から三分の一ほど下がった位置が目安です。

③ 無双釘：奥の壁の間口の中心、床の間畳から天井廻り縁下端までの間の約二分の一くらいで、花釘より30ミリ下りの高さが目安です。

④ 花蛭釘：床の間天井の奥行の中心で、間口方向が、一間以上の場合は床柱から天井間口の三分の一です（間口が一間未満の場合は四分の一）。打つ方向は上図の通りです（裏千家）。

⑤ 柳釘：床柱奥の隅柱の廻り縁下端より273ミリ下りです。

※実際には現場の状況に沿って判断するものですので、あくまで目安とお考えください。

客出入口　茶道口　襖

茶道口　火灯口　太鼓襖

客出入口　茶道口　腰付障子（腰高九寸）

貴人口　腰付障子（腰高一尺八寸）

客出入口　腰高障子（腰高二尺五寸）

茶道口　方立口　太鼓襖　腰高障子（腰高二尺五寸）

茶道口　方立口　鏡板戸

Q

茶道口や貴人口など、躙口《にじりぐち》以外の茶室の出入口の形状が、どういう約束ごとがあって分けられているのかわかりません。

A　小間席の茶道口は太鼓襖（襖縁を見せず、両側から奉書紙などで段張りしたもの）にします。その形状は火灯口《かとうぐち》（戸の上部が半円型に塗り回されたもの）や、方立口《ほたてぐち》（開口部に鴨居と方立で造作され仕切り縁のあるもの）などさまざまあります。

小間席の客側の貴人口は、腰付障子（下部に腰板が付いたもの。腰高一尺八寸）です。

広間席の茶道口は、襖と腰付障子（腰高九寸）です。

土間席の茶道口は、方立口の杉鏡板戸が通常です。お客様の出入口は腰高障子（腰高二尺五寸）で意匠します。

◆

土間席以外のこれらの出入口について、よく忘れられがちですが大事なことがあります。それは、席の内側はすべて畳にしたとしても、席の茶道口、お客様の出入口の外側の床《ゆか》の仕上げはジュータンや板の間などのままにしてしまうことです。亭主、客は席入りの際に正座をしなければならないので、この部分は席と同様に畳敷とする必要があります。ただ、普段の使い勝手上、畳敷では具合がよくない場合は、茶室として使う際に置き畳を敷くことで対応できます（36頁写真参照）。

Q 水屋をつくるにあたって、広いスペースを確保できそうにありませんが、よい方法はないでしょうか。

A 基本的な水屋棚の例は写真の通りで、スペース的に設けられない場合は置き水屋で対応します。また、給排水設備が設けられない場合は、蛇口付の水タンクを設置し、その排水は下部に設けたバケツで受けることで対応できます。最近では、写真のような立ち使い水屋を求められる場合もあります。

水屋の広さとしては茶席と同じ広さを確保できることが理想ですが、やはりなかなか難しい場合が多いです。その際は、廊下、通路などの壁面に奥行きが浅く長い収納棚を設けられるような間取りを考えたほうがよいでしょう。

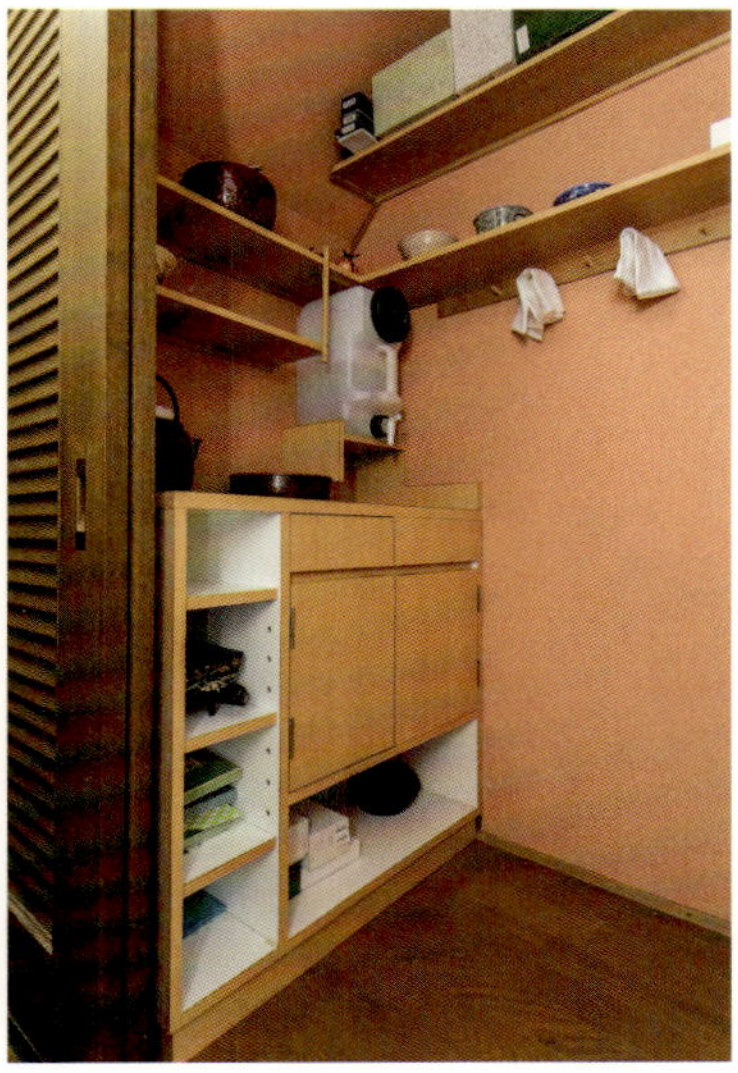

立ち使い水屋

標準的な水屋の例

Q 腰張の貼り方を教えてください。

A 幅の基準は、一間の巾を四枚に割り、重なりしろを約5ミリ程度にして寸法を決めます。その紙を、左前にならないように壁面の左から貼っていきます。

二段貼りの場合は一段目を貼り、一段目との重なりしろをとり（約5ミリ）、一枚目の紙の幅は一段目の紙の半分とし、一段目と同じような手順で左から貼ります。

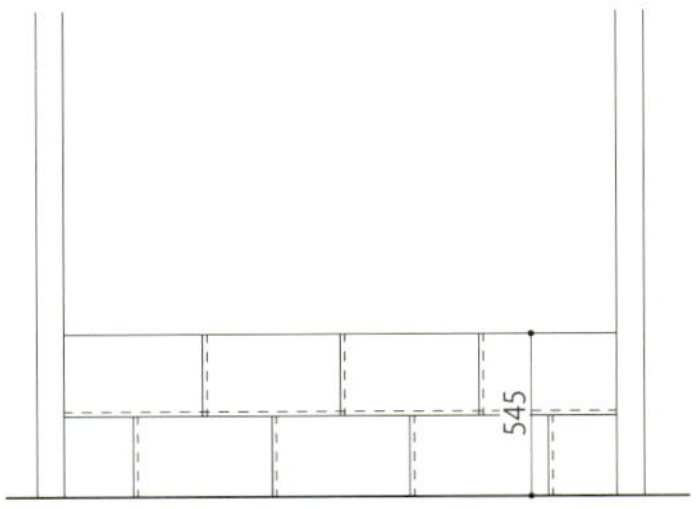

湊紙（客座）

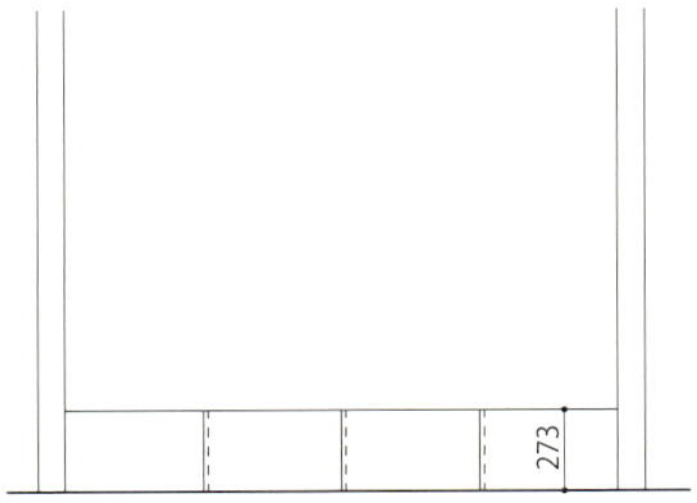

西の内紙（広間席、小間席点前座）

真行草、茶室の材料選定の勘どころについてお答えします。

茶席の雰囲気づくりに大きな影響をおよぼすのが材の取り合わせです。茶室の材料は、すべてが唯一無二の自然素材。それらの材料の持つ細やかさ、温かみ、丸み、軽やかさ、柔らかさを取り合わせることで、目立ちすぎず、心地よく、静かで穏やかなそのさまを、一連の茶事の流れを通し、五感で感じ取ることのできるような空間がつくられるのです。そういった雰囲気づくりが、よい茶室づくりの大きな比重を占めています。

ここで、茶事の流れを追ってみましょう。

茶室の中に客が席入りし、障子を強く閉める音を合図に亭主が茶道口より入り、炭点前で炉の前に座り釜を炉から外し、同時にお客が炉の廻りに集まり、炉中を見る中で下火の炭と持ってきた炭を組み合わせ、御香を入れて釜をかけます。

お湯が沸くまで、その席中で炭がいこりはじけ、お湯が沸く音、お香の香りを感じながら懐石料理を頂きます。お湯が沸くと菓子を頂き、客は露地へ出て、腰掛待合より露地の景色を味わいます。席中の用意ができたら銅鑼の音で席入りし、取り合わせされた茶道具を拝見するなかで、連子窓、下地窓に掛けている簾を巻き上げている音を聞きながら、室が明るい雰囲気になるのを感じます。厳粛な空気のなかで濃茶の点前が始まり、それを見ながら濃茶、薄茶を頂き、五感を総動員して空間の雰囲気を感じ取り、亭主心づくしのもてなしを受けます。

すべては、「一座建立《いちざこんりゅう》」の時を得るために。空間演出にも気を配ることが、主のつとめといえるでしょう。

◆

木組の大半は北山杉丸太や赤杉などで、床《ゆか》は藺草《いぐさ》の畳、壁は聚楽土《じゅらくつち》。そのほかでは美濃紙を張った障子、葦でつくられた下地窓、ヘギ板（薄く削った板）を用いた網代天井、そして竹など（129頁表参照）。

まずは自分のつくりたい茶室の雰囲気に合う材を選んでいきましょう。ただ、材にこだわりすぎたり、施工者が過剰なまでに細部の装飾などに凝ったりすると、一つひとつはよいものの、全体としてみると落ち着かない、バランスの悪い茶室になってしまいます。

茶室は茶道具の一つであり、また唯一取り替えができない茶道具でもあるのです。

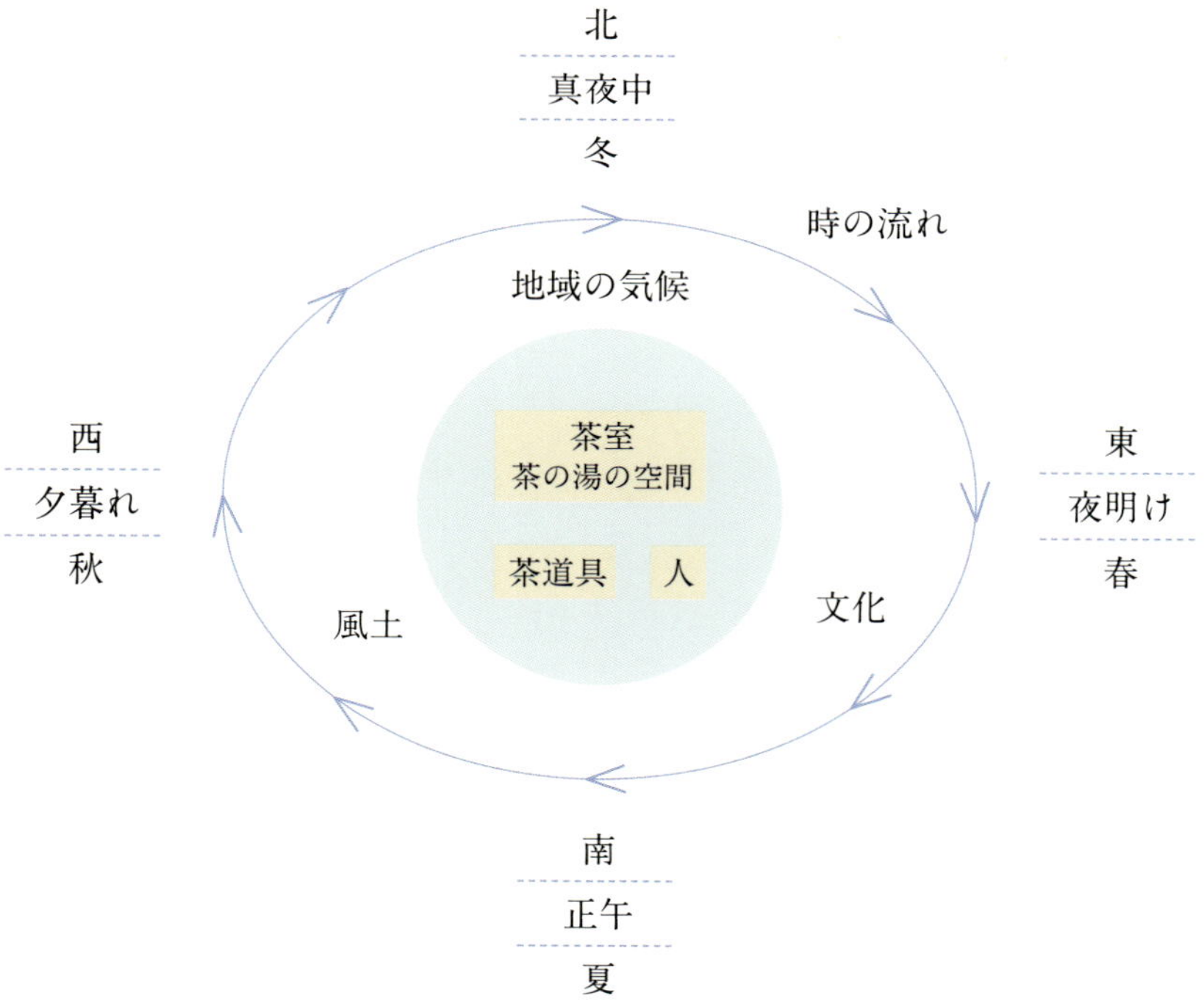

材料選定のポイント

- 経年変化の美しさを感じる材を使用する（木材、壁、襖）
- 時々新しくする必要のある材があることを認識する（畳、障子紙、腰張）
- 生活空間との材料の取り合わせを考える
- 茶道具の好みとの取り合わせを考える
- その地の気候風土に合い、季節感を演出しやすい（四季折々に映える）意匠を考える

自分の好みの茶室をつくるうえで大切なのは、各職人（材木・左官・建具・表具・畳屋など）に任せっきりにするのではなく、それぞれの所に自分で回り、実物の材料を見て決めることです。その際は、事前にかならず予算を伝え、その範囲内の材を見せてもらうようにしましょう。

柱材

角柱 **真**

面皮柱 **行**

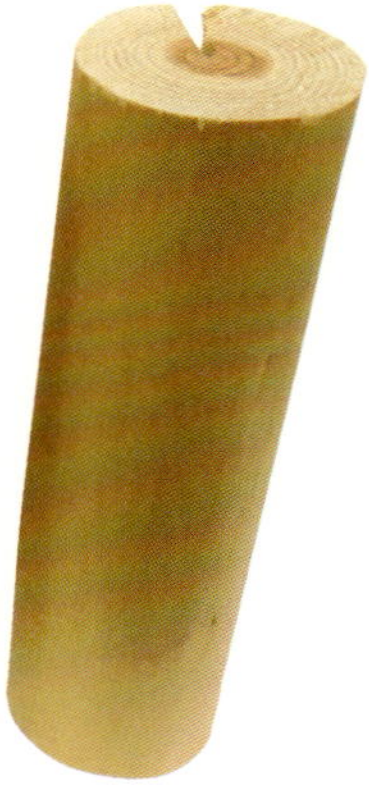
丸太 **草**

北山杉丸太 **真**

档錆丸太 **行**

檜錆丸太 **草**

軒裏の材

垂木：檜錆小丸太
化粧板：赤杉
押え竹：胡麻竹

垂木：北山杉小丸太
化粧板：赤杉
押え竹：胡麻竹

垂木：芽付白竹
化粧板：黒部枌板
竹小舞

壁の材

聚楽土塗仕上

土中塗仕上

土中塗仕上（スサ多め）

引手の材

真鍮《しんちゅう》（メッキ・燻べ）

木

竹

襖縁

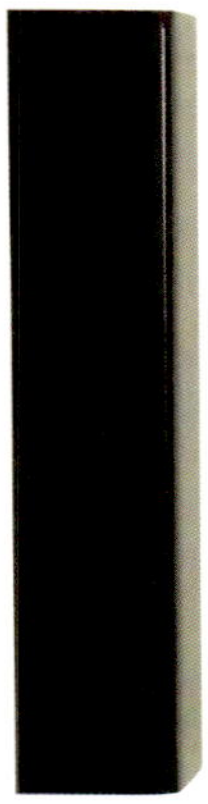

真塗 **真**

掻き合わせ **行**

目はじき **草**

杉 **草**

女桑 **草**

竹材
（方立、垂木、竿縁など）

白竹 **真**

胡麻竹 **行**

煤竹 **草**

杉の色合い

赤杉

ネズコ

白杉

木目

柾目

中杢

板目

茶室仕上げ材の取り合わせ一覧

		真	行	草
木	取り合わせ	白木(加工材・直線的)	赤木(樹皮捲り、曲線的)	皮付(自然そのまま)
	柱・桁・垂木	北山杉丸太	档(あて)錆丸太	檜錆丸太、皮付小丸太
		角	面皮柱	丸太
	床柱	角柱	北山杉丸太	赤松皮付・コブシ・ツバキ・流木(しゃれ木)
	内法材・天井板　木目	柾目(まさめ)	中杢	板目
	内法材・天井板　木の色	赤味	赤白(源平)	白
	天井板　仕上げ	カンナ削り	砂ずり	割肌
	天井	棹縁天井	敷目天井	網代天井
		平天井	掛込天井	落天井
土	壁 聚楽土	聚楽土上塗り	聚楽土入り中塗り仕上げ	中塗土(藁入り)・新聚楽土(スサ入り)
	土間 三和土(たたき)・深草土	コテ押さえ	叩き	洗い出し
	炉壇	本炉(稲荷土)	陶板・石	電熱炉(銅板)
石	柱の下 沓石	御影石 切石(磨き)	御影石(小叩き)	自然石(川石)
	壁の下 差石	御影石 切石(磨き)	御影石(小叩き)	伊勢ゴロタ石
金物	襖の引手	漆塗り 叩き出し	叩き出し 松煙	プレス加工塗装
	建具金物	鉄 手打ち	—	鋳造・プレス加工・曲げ加工塗装
	化粧釘	鉄 手打ち	—	鋳造・曲げ加工塗装
紙	襖紙	奉書段張り	鳥の子紙	新鳥の子紙
	襖縁	真塗り	掻き合わせ	目はじき
	障子(美濃紙)	手漉き和紙	機械漉き和紙	レーヨンパルプ紙
	腰張(西の内紙・湊紙)	(広間・小間・点前座・水屋・腰掛待合など場所ごとに区別)		
竹	廻り縁	白竹	胡麻竹	煤竹
	垂木	北山杉小丸太	檜錆小丸太	芽付白竹
	化粧野地板	赤杉板・赤杉小舞	黒部ヘギ板・押さえ胡麻竹	黒部ヘギ板・竹小舞・女竹・藤蔓編み
	窓格子	木格子	木・竹取り合わせ格子	白竹
	下地窓	矢竹	磨き葦	皮付葦・割竹
草	畳表(藺草)	手織り中次表	動力長引表	動力長引表
	畳縁	麻(別染め)	麻(既成)	木綿(既成)
	天井	白竹	萩	蒲・葦
	葦戸	—	磨き葦	皮付葦
	下地窓(葦 藤蔓)	矢竹	磨き葦	皮付葦
	簾(葦　綿黒糸)	—	磨き葦	皮付葦

材料のみの提供も可能です！

建築部で扱う、おもな茶室用部材＆オリジナル商品

【木材】

● 中柱

コブシ
45,000円～／1本

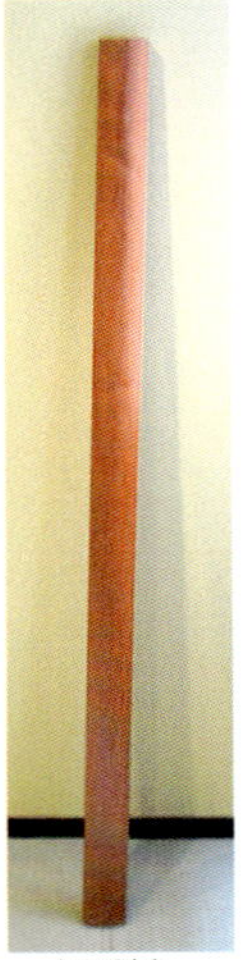

● 床框《とこがまち》

杉へっぺい
45,000円～／1本

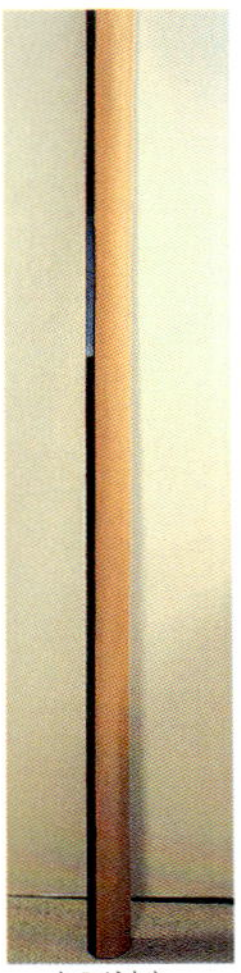

● 床框《とこがまち》

北山杉丸太
太鼓落とし
（天端カシュー
呂色塗り）
95,000円～／1本

● 床柱

赤松皮付
115,000円～／1本

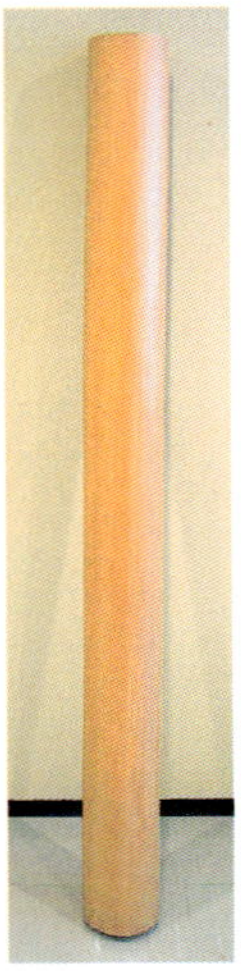

● 床柱

北山杉磨丸太
90,000円～／1本

【釘】

● 釜蛭釘《かまひるくぎ》

【左／広間席、右／小間席用】
8,500円／1本

● 中釘

（鉄製、手打ち）
5,500円／1本

● 花釘

（鉄製、手打ち）
5,000円／1本

● 軸釘

（竹釘）
300円／1本

● 花蛭釘《はなひるくぎ》

（鉄製、手打ち）
6,000円／1本

● 柳釘《やなぎくぎ》

（鉄製、手打ち）
5,000円／1本

【水屋】

● 水屋棚　赤杉　140,000円～／1組
（間口五尺〈1515ミリ〉の場合）

● 水屋簀《す》の子《こ》

（間口1515、幅606ミリ／白竹、桟檜）
45,000円～／1枚

● 持ち送り板

26,000円～／1枚

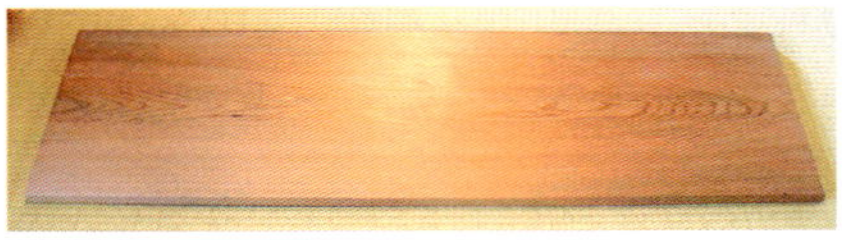

● 上通り棚

36,000円～／1枚

● カラン

（銅メッキ）
18,000円／1本

● 中通り棚・下通り棚（桟棚）

38,000円～／1枚

● 行灯《あんどん》

48,000円～／1個

● 茶碗棚（簀の子棚）

27,000円～／1枚

● 腰板

（間口1515・高さ515ミリ／赤杉合板〈6ミリ厚〉）
145,000円～／1組

購入ご希望・その他の部材のお問い合わせ
淡交社建築部　Tel：075-432-5154　Fax：075-432-0273

＊流通状況・経済情勢などにより、
木材をはじめとする各資材の価格は変動することもあります。
写真提供：淡交社建築部

◆ 湊紙《みなとがみ》
（美濃紙） 550円／1枚

◆ 西の内紙
（茨城県産） 550円／1枚

淡交社建築部 茶室設計・施工主要実績（H28年現在／個人邸等を除く）

S 55年	茜庵 新築工事 徳島市	徳島市	街づくりデザイン賞
57年	安田火災大阪支店ビル内 茶室内装工事	大阪市	（現損害保険ジャパン日本興亜株式会社）
59年	松下電器産業株式会社グループ献納 神宮茶室造営工事	伊勢市	
60年	叶匠壽庵 寿長生（すない）の郷内 茶室新築工事	大津市	全国陶器瓦工業組合連合会甍賞
61年	徳島市サギノー市日本友好庭園内 茶室新築工事	アメリカ・ミシガン州	
H 1年	有馬グランドホテル内 茶室新築工事	神戸市	
2年	札幌かに家京都店 新築工事	京都市	京都市都市景観賞
4年	鶴屋吉信本店 新築工事	京都市	京都市都市景観賞
5年	新梅田シティウェスティンホテル内 茶室内装工事	大阪市	
18年	サントリー美術館内 茶室移設改修工事	東京都港区	
20年	京都造形芸術大学内 茶室移設改修工事	京都市	
20年	シスメックステクノパーク内 茶室新築工事	神戸市	
24年	京都青果配送加工ｾﾝﾀｰ内 茶室新築工事	京都市	
26年	仙台育英学園内 茶室増移設工事	多賀城市	
	京湯元ハトヤ瑞鳳閣ロビーホール 茶室新築工事	京都市	
27年	堀場製作所びわこ工場内 茶室内装工事	大津市	

建築部のレジュメ

営業種目 ＊建設工事業　株式会社淡交社
名称 京都府知事許可（般-28）第24373号
＊設計監理業
株式会社淡交社一級建築士事務所
仙アートスタヂオ
京都府知事登録26A第02336号
所在地 京都市北区紫野宮西町19番地1
代表者 代表取締役　納屋嘉人
事業内容 1 茶室の設計・施工
2 一般住宅・数寄屋建築の設計・施工
3 茶庭の設計・施工
4 茶室の移築・修復・修繕
5 茶室設計の指導
6 什器・家具のデザイン及び室内装飾

監修　淡交社建築部
〔一級建築士　竹中勤　高木良介
二級建築士　岩森康仁〕

※お問い合わせは、専用フォームを設けて受け付けております。
淡交社ホームページ内「茶室・建築」のバナーからアクセスし、
必要事項をご記入のうえ、送信してください。

www.tankosha.co.jp/inquiry/chashitsu/

建築部直通 TEL：075-432-5154（平日9：00～17：00）
FAX：075-432-0273

写真　小笠原敏孝
渡辺琢哉（20～28、62～70頁）
二村海（54～60頁）
松永直子（107、113～115頁）
淡交社編集部（4、108～112頁）
淡交社建築部（5、118～131頁）

図面・スケッチ　淡交社建築部

ブックデザイン　縄田智子　L' espace

ほんとうに使いやすい茶室をつくる

戸建・ビル・新改築、タイプ別プラン13件

2017年3月25日　初版発行

監修者　淡交社建築部
発行者　納屋嘉人
発行所　株式会社 淡交社
本社　〒603-8588　京都市北区堀川通鞍馬口上ル
営業　075-432-5151
編集　075-432-5161
支社　〒162-0061　東京都新宿区市谷柳町39-1
営業　03-5269-7941
編集　03-5269-1691
www.tankosha.co.jp
印刷・製本　大日本印刷株式会社

©2017 淡交社　Printed in Japan
ISBN978-4-473-04169-2

定価はカバーに表示してあります。

落丁・乱丁本がございましたら、小社「出版営業部」宛にお送りください。

送料小社負担にてお取り替えいたします。

本書のスキャン、デジタル化等の無断複写は、著作権法上での例外を除き禁じられています。

また、本書を代行業者等の第三者に依頼してスキャンやデジタル化することは、
いかなる場合も著作権法違反となります。